東大首席弁護士が教える「超速7回読み」勉強法

山口真由
Yamaguchi Mayu

PHP

はじめに

「彼女は、東大を首席で卒業したのよ」という紹介をされることが、よくあります。この本のタイトルからしてそうです。

そういう紹介を受ける度に、いつも胸の中が少しざわつきます。それは、「あれから、8年も経ったのよ」という思いがあるから。

8年の間に、私は財務省で働き、そして、今は、弁護士として働いています。必死になって頑張ってきたし、今だって頑張っています。それなのに、いまだに「財務官僚」「弁護士」ではなく「東大首席」が、私自身を語る最初のキーワードになるなんて。「8年前の私」に対する微《かす》かな敗北感を抱きながら、「今の私」は自分自身に100％は満足できていないことを実感してしまうのです。

今の自分に100％は満足できない、これって多くの方に共通した感覚なのではないかと思います。

ですが、この状態こそが実はかけがえのないものだと、私は気づきます。なぜなら、それは自分の中に「向上心の塊《かたまり》」があるということだからです。この本を手に取っていただいたということは、あなたも、今のご自分に完全には満足されていないのでは？　それは、すなわち、「向上心の塊」がご自分の中にすでにあるということでは？　そして、この向上心だけは決して習うことができないというのが私の持論です。だからこそ、「向上心の塊」をお持ちであるということは、どんな恵まれた才能よりも、強い資質なのです。

そして、向上心と正しい方法論を結びつければ――。内にこもっていたそのエネルギーは、爆発的な推進力となって、あなたを前に進めてくれるはずです。

そう、その方法論こそが「勉強法」なのです。

「勉強」、それがテストで良い成績を取るだけの力だと思わないでください。それは、今日できなかったことを、明日できるようにする力なのです。今の自分を超えて進んでいく明日の自分に夢を描くための力なのです。

頭の回転が人並み外れて速いわけではなく、発想力がずば抜けているわけでもなく、むしろそのどちらも平凡な私は、この「勉強の力」だけを頼りにここまで進んできました。

この力だけを最大限に発揮した「8年前の私」。ですが、私の「勉強」の試みはそこで終わるわけではありません。社会に出た今もなお、私は勉強中。そして、それはつまり、成長中ってこと。自分自身に対する完全な満足なんて、絶対に一生したくない！

なぜなら、私は勉強中の、つまり、前へ向かって躍進中の、ときには壁に当たって意気消沈中の自分自身が、すべてに満ち足りた自分自身よりも、ずっとずっとキラキラしていると思うからです。

「8年前の私」に対して感じた微かな脅威は影を潜め、私の中にあの強い力がみなぎってくるのを感じます。私は、この本で、この「勉強の力」について、書いて書いて書き尽くしたいと思います。それは具体的なノウハウを書くことでもあり、さらには、この力をどうやって編み出して、どうやって使ってきたかという、自分自身の人生にも重なるものです。

この本を読み終わるころに、今の自分に完全には満足できていないあなたが、そういう自分自身こそが「勉強の力」を使って限りなく成長していく可能性の塊なのだと、実感できていますように！

第3章

私の勉強ヒストリー②
——摩訶不思議な「社会」という場所で

第4章 誰でもできる！「7回読み」勉強法とは？

第5章

努力とやる気を持続させる「メンタルコントロール術」

第6章

なぜ学ぶ？　何を目指す？　自分と向き合うと見えるもの

第1章

「頭がいい人」がしていること

「頭のいい人」になれる最良の手段は、「勉強法」を身につけることである

○「頭がいい」人、「勉強ができる」人

「頭がいい人」という言葉に、皆さんはどんなイメージを抱かれるでしょうか。

そのイメージは、おそらく一様ではないでしょう。同じ頭のよさでも、その特徴や表れ方は多種多様だからです。

この中で、もっとも憧れられる存在といえば、いわゆる「天才」です。なんの努力も必要とせずに、即座に正解にたどり着ける、真の才能の持ち主です。

しかし実のところ、私は今までの人生で、「この人は本当に天才だな」と、心から感服してしまうような存在には出会ったことはありません。学生時代を過ごした東大、卒業後に在職した財務省、そして現在携わっている弁護士の世界――それぞれの場所で優秀な方々とは多く出会ってきましたが、その方々も皆、何らかの形で努力と試行錯誤を重ねて

います。生まれついての真の天才というのは、たとえ存在したとしても、極めて少数ではないでしょうか。

では、私たちが日常で出会う「頭のよい人」とはどんな人たちかを考えてみましょう。

頭の回転がすさまじく速い人、「論理的思考」に優れた人、問題が発生したときに柔軟な発想で解決する人、その場その場で求められる行動を適切にとれる（＝空気を読める）人……などなど、これまた、様々な人物像が浮かんできますね。

その中で、もっとも単純でわかりやすい基準といえば――。

実は、「勉強ができる」という評価ではないでしょうか。

「勉強ができる」は「頭がいい」と完全にイコールではありませんが、大きな要素のひとつです。

そして同時に、非常に「得やすい」評価でもあります。

意外に感じられるでしょうか。では、少し補足してみましょう。

シャープな論理力や発想力、空気を読む力などによって「頭がよい」という評価を受けようとすると、簡単に壁にぶつかります。なぜならそれには、瞬発力、センス、コミュニケーション力といった能力が問われており、これらの能力は先天的な要素を多く含んでいるからです。さらにいえば、瞬発力やセンス、コミュニケーション力については、客観的な基準がないのです。したがって、いくら自分はコミュニケーション力に優れた人間だと思っても、それを誰にも疑いようのない方法で証明し、他人からの評価を得るのは非常に難しいことなのです。

しかし「勉強」は違います。どんな人であっても、ひとつの方法でじっくり積み重ねていけば、知識はかならず頭に入り、成績へと反映されていきます。簡単にいうと、勉強によって得られる知識は「誰でも必ず身につく」ものなのです。

○「理解と認知の最短距離」＝勉強法を身につけよ！

では、「勉強のできる人」になるには、何が必要でしょうか。

それは、「自分の勉強法」を確立することです。

そもそも勉強とは、新たな知識に触れ、それを理解していくプロセスのこと。このプロセスをいかに短時間で確実に行えるか。勉強法とは、その方法論です。

つまり知識を自分のものにするための最短距離を心得ていて、それを実践している人が、すなわち「勉強のできる人」ということになります。

勉強法が確立できていると、ある意味とても「楽」です。自分の勉強法というレールに乗るだけで、他のことは考えなくてもゴールにたどり着けるからです。

もし、このレールがなかったらどうでしょう。

この参考書を選んで正解だったろうか？　ほかの参考書のほうがよかったのでは？　いや、そもそもただ参考書を読んでいるだけでいいのだろうか？　無駄なやり方をしているのでは？　自分は要領が悪いのでは？　——といった疑念が必ず頭をよぎるはずです。そして、そういうちらりとした疑念は、頭の中でどんどん大きくなっていき、徹底的に検証しなければ気が済まなくなります。別の参考書を何冊も買い込んだり、ほかの人のやり方を真似ては「やっぱり合わない」と引き返したり、勉強を進めるという本論ではなく、疑念の解消に時間を使い、回り道を重ねてしまいます。「無駄なやり方をしているかも」と心が揺らいで、さらに無駄を重ねてしまう、なんとも皮肉な展開になってしまいがちなのです。

勉強法というレールさえ敷いてあれば、そうした迂回の一切をシャットアウトできます。

私の場合、偶然かつ幸運なことにこのレールをかなり早い段階で敷くことができました。

それはどういうことか。私は、小さいころから活字に触れる機会が多かったのです。両親が様々な絵本を読み聞かせてくれたこと、身の回りに多くの本があったこと、それを好んで読みふけっていたこと……こうした経験は、後年、「読むこと」を中心とした勉強法を確立させていく基盤となりました。

そしてこの勉強法の確立こそが、決して天才ではない私を、「東大首席」にまで押し上げてくれたのだと思うのです。つまり、これまで得たものはすべて、「読む」ことに特化した、自分に合った勉強法を確立できたこと、そしてその勉強法をひたすら繰り返し続けてきたことの成果だと思うのです。

POINT

「勉強法」というレールを敷けば、知識は身についていく。

勉強に不可欠な「努力」と「成功体験」

○勉強は「楽しいもの」ではない

「勉強法を確立しさえすれば楽である」と述べましたが、これは決して「勉強は楽しい」ということと同義ではありません。

勉強法を身につければ、知識を得るまでの道のりは確かに短くなります。ゴールへの到達も確実になります。しかし、その道のりが楽しいものになるはずというのは誤解です。

なぜなら、知識を学び、自分のものにするには「努力」が必要だからです。

努力とは、反復と継続を意味します。これと決めた方法を、毎日毎日繰り返していくことを意味します。この作業は極めて地道で、エキサイティングな要素は皆無、ときには退屈、さらに多くの場合には苦痛でさえあります。

ですが、私は、ずっとこの作業を続けてきました。

中学生のときは4時間、高校生のときは5時間、大学受験のときは10時間、司法試験を受けるときは14時間——。一日のうち、おおよそこれだけの時間を、勉強に割《さ》いてきました。

小さいころから、「まゆちゃんは、お勉強が大好きなのね」とよく言われたし、面倒なのでいちいち否定はしません。でも、これは大きな誤解。好きで勉強をした経験は、私にはありません。

そう、勉強は決して「楽しいもの」ではないのです。「学ぶっておもしろい！」「楽しくなればやる気が起きる！」といったフレーズは、正直言って、一種の幻想か、実態とかけ離れたプロパガンダだと思います。

もちろん、学ぶことにおもしろみなんて一切ないと言っているわけではありません。知的好奇心が満たされる瞬間もあれば、わからなかったところがすっと腑《ふ》に落ちる瞬間もあります。そういう瞬間に知的な興奮を感じることは確かにあるでしょう。しかし何らかの目標を目指して、知識を自分の中に取り込むという「一大事業」の中で、そうした楽しさはほんの一部分に過ぎません。

特に、知識を頭の中に定着させるという段階では、大部分はやはり、我慢と忍耐です。心地よい布団から這い出さなくてはならない朝があり、食事もそこそこに机に向かう夜があり、デートを早々に切り上げなくてはならない休日もあります。

目標と現状との落差や、デッドラインの切迫度によって度合いは違ってきますが、多かれ少なかれ我慢は必要だという覚悟は、しておいたほうがよいでしょう。

では、この事実は本当に負の側面しかないのでしょうか。勉強が楽しくないと感じる方の中には、自分は勉強が苦手なのではないかと思う人もいらっしゃるのではないかと思います。しかし、それは違います。

勉強の得意そうな人でも、みんながみんな決して楽しんで勉強しているわけではないのです。勉強が楽しくないのは当たり前であり、苦痛を感じるのは自然なことです。勉強というプロセスそのものが私達の目標ではありません。試験に受かること、資格を得ること、勉強によって得られるその先のゴールが、私達の目標なのです。勉強は目標を得るための手段に過ぎません。そして、この手段が苦しいからこそ、その先のゴールにたどり着いたときには、本当の意味で「楽しい」と思えるのです。

○小さな成功体験を重ねていこう

勉強というプロセスを楽しむ必要なんてない、今苦しいのは当然、でもその先はきっと楽しいと腹をくくれば、目の前の課題に集中し、ゴールに向けて歩みを進めていくことができるでしょう。

とはいえ、ただ努力を続けるのはさすがに苦痛です。そこにはやはり、継続するための前向きな動機づけが必要です。この点に関してはメンタルコントロール術に関する第5章で詳しく述べますが、ここでは簡単に、やる気を維持するための基本姿勢についてお話ししましょう。

勉強は目標のための手段ということからわかるように、何より大切なのは、目的・目標を持つこと。それも、できるだけ形になって見えるものがよいでしょう。学生の方なら定期試験や大学受験といったわかりやすい目標がありますが、社会人の場合は、意識的に何かを設定することをおすすめします。遠い先の目標だと日常のモチベーションを維持できないので、TOEIC®などの試験で「次は600点」「次は700点」と、少しずつハードルを上げていく方法が効果的です。

なんの目標もなく、楽しくもない勉強だけを延々と続けていくなんて、無理な話。それに向かって頑張ろうという明確な目標を持つことは、勉強をはじめる際に、そして続ける上で、もっとも基本的なことです。さらに、目標を持つことにはもうひとつの効果があります。それは、「今は苦しいけれど、試験が終われば解放される」という終着点が見えることです。終わりがあるからこそ、我慢や忍耐もできるのです。そして、苦しいプロセスがあったからこそ、それで得た成果に充実感を覚え、また、新たな目標を持てるのです。

私自身も、そのようにして努力を継続してきました。これは勉強というものを意識しはじめた最初の地点、つまり、子供のころから一貫している姿勢です。

「いい成績を取ったら褒められる」ということは、幼いころの私にとって大きな喜びでした。だから「もっと勉強して次もいい点を取ろう」という目標ができ、モチベーションを維持し続けられたのだと思います。

この目標は、達成するたびに「貯金」ができます。それは「成功体験」という名の貯金です。前回の試験よりいい点数を取ること、ライバルよりちょっぴりいい点を取ること。そうした小さな目標が達成されるたび、喜びとやる気は確実に積み重ねられていきます。それは、やがて「自信」という自分自身の基盤を作り出してくれるものなのです。

POINT

勉強には苦痛が伴う。しかし成功体験が積み重なれば、喜びと自信が生まれる。

「自信」というキーワード

○「まだ何もない自分」に必要な「根拠なき自信」

イチロー選手の少年時代のエピソードに、こんな話があります。

バッティングセンターで練習をするとき、イチロー少年はいつも、ボールのスピード設定を最速にしたそうです。なぜなら、「プロになったらこのレベルのボールを打たなくてはならない」と考えたから。イチロー少年はバッターボックスよりさらに前方に立ち、目にも止まらぬ速さで飛んでくる球に向かいつつ、どう打つかを研究していたのです。

当時のイチロー選手はまだ子供で、当然、今のようなスーパースターではありません。まだ実績も何もない状態でありながら、彼は「最終的には自分はプロになって、このボールを打てる」という確信を持ってそこに立っていたのです。

この話を聞くたび、私は「自信」というものについて考えます。

人がまだ何も成し遂げていないときに一段ステップを昇るには、この「自信」が不可欠だと思うのです。まだ結果は出していないが、自分には必ずできると信じること。この気持ちがあってこそ、人は物事にチャレンジできるのです。

そこで私自身を振り返ってみると……決して、自分に自信のあるタイプとはいえません。苦手なこと、できないことはたくさんあります。できることにも限界があると感じます。

それでも、目標を設定するときは毎回、「たぶん、できる」と思えます。

そこに根拠はないのですが、なぜか自然にそう思えるのです。

この「なんとなく感じている自信」、これがどこから湧いてくるのか。それは、やはり、コツコツ積み重ねてきた数々の成功体験がもたらしたものでしょう。

その経験のひとつひとつは、最初は小さなものでした。

「漢字テストで満点を取れた」「前の学期よりも成績が伸びた」など、子供なりの、ささやかな経験ばかりでした。

しかしそれは、繰り返すと雪だるま式に大きくなります。勉強してそれが成果につながる度に、「次もできる」「その次もできる」と、自分を信じる気持ちが形成され、どんどん膨らんでいくのです。その自信が次の成功を促し、その成功がさらに大きなチャレンジへと踏み出す勇気を持たせてくれます。

自分を信じる力、「自信」というものは、人がステップアップするときに欠かせないエネルギー源なのです。

○「失敗」は重く見る必要はない

「そうはいっても、成功体験自体が少ないから、自信など湧きようもない」

という方もいらっしゃるでしょう。しかし考えてみてください。あなたが明確に意識していないだけで、「成功体験」は日常の中にたくさん転がっているのです。

必死で走ったら電車に間に合った、あれこれ悩んで買った誕生日プレゼントを恋人に喜んでもらえた、小学校の国語の時間に書いた詩を褒めてもらえた……など、小さな努力が実を結んだ経験がきっとあるはずです。

そんな経験も思い出せない、あるいは思い出しても「大したこととは思えない」と感じてしまうとしたら、成功に対するアンテナが鈍っている可能性があります。

これは意外に、多くの人が陥っている現象です。

人は全般に、成功よりも失敗のほうに重きを置きがちです。たしかに、心温まるような経験よりも、鋭い刃物で心をえぐられるような経験のほうが鮮烈に心に刻まれるのは当然かもしれません。

だからこそ、日常の中で多くの「成功体験」を見つけ、それを意識的に自分の中に印象づけるようにしておく必要があります。

なぜなら、失敗の印象ばかり抱いたまま生きていると、自分を信じる力が低下するからです。先ほど述べたことと真逆の方向、つまり失敗経験のダメージが雪だるま式に増大するのです。そうなると、心が「どうせ次もダメだろう」「努力しても無駄だろう」といったネガティブ思考に占められ、チャレンジ精神も萎えてしまいます。

私は、「ミクロな視点」と「マクロな視点」を分けて考えるようにしています。失敗は、ミクロな視点で覚えておいて、マクロな視点では忘れちゃえというわけです。失敗したときには、次に同じミスを繰り返さないようにしないとなとは思うけど、「私ってダメな人間」というように、その失敗が、自分自身の価値を下げるかのような考え方は一切しないようにしています。

自分自身の価値を「マクロな視点」で捉えるときには、「できないこと」の数を数えるより、「できること」「できたこと」へと、意識的に目を向けていただきたいと思います。80点、90点を取れたなら、間違えたところを見直したりする前に、まずはそのハイスコアを素直に喜び、達成感を心から味わいましょう。

ちなみに私は小学校のときに、北海道の地名と位置関係を答える社会のテストで50点を取ったことがあります。そのときも、「北海道の14支庁について、地名だけ覚えて、位置関係を全く覚えていなかったな」と反省しましたが、そんなの改めて勉強して覚えてしまえばそれで済む話。「私は社会が苦手」とショックを受ける必要なんてないのです。「ミクロな視点」で反省しても、「マクロな視点」で過度に落ち込まない、そうしたポジティブシンキングこそが、やる気の維持につながるものです。

POINT

実績がない間こそ自信が資本。
失敗はひきずらない、と心得るべし。

「自信」は「傲慢」とは違う、と心得よう

○「できるに違いない」からこそ「頑張る」ことが必要

自信は勉強をする上で重要なエネルギー源となる、と述べました。

しかし「履き違えた自信」は、むしろ足かせとなります。

「自分はできるに違いないから、頑張ろう」と思うのが正しい自信。

「自分はできるに違いないから、頑張らなくていい」と思うのはただの傲慢です。

この間違ったモードに入ってしまうと、ことは厄介です。努力する姿勢が失われていくだけでなく、事実を公平に認識する力が弱ってくるからです。

このモードには二つのパターンがあります。まずはあまり努力をせずに、ぱっと見、うまくできたことに満足をして、それ以上に成長していかないパターン。次は、「やればできる」ことはわかっているのだから「やらなくてもいい」と完全に開き直ってしまうパタ

ーンです。

まずは前者について、ひとつ、ごく日常的な例を挙げましょう。

私の父は、ときどき料理を作ってくれるのですが、おでんを作って、一口、味見をしては「僕は天才だ！」と言うのが口癖。しかしそういうときに限って、家族の評判は今ひとつ。「一口食べてちょうどいい味」は、二口、三口と進んでいくうちに「濃すぎる」という印象に変わっていってしまうからです。ですから、我が家では、父の「天才だ」が出ると、「もう少し薄くしておいたほうがいいんじゃない？」と誰かが意見することにしています。

親子は変なところが似るもので、実は私も、あまり準備することができずに急に参加することになった会議で、それでもちょっといい発言ができた、と思った瞬間、「私って天才!?」などと内心浮かれてしまうことがあります。しかしそんなときに限って、「分析のレベルが浅い」と上司から苦言を呈されることもしばしば。あとで検証してみると、多くの場合、自分の見解に穴があったり、偏りがあったりするのを発見することになるのです。

この、最初にぱっと見、うまくできたように見えるパターンの場合には、対処法はそんなに難しくないでしょう。自分の成果を、人の意見も聞きながら、再検証してみればいいのです。

私の父は、今でも私が電話をすると、「真由、僕は天才かもしれない！」発言を繰り返し、母は、「うーん？」と首をひねっているので、似たような状態が続いているのかもしれません。ですが、少なくとも、私は、「うまくいった」と思ったときこそ、人の意見に真摯《しんし》に耳を傾けることが、できるようになってきています。

社会に出たばかりの新人の中には、「傲慢の落とし穴」から抜け出せないがために、成長が妨げられている人がときどきいます。「僕はこんなにうまくやっているのに」「私は能力の高さゆえに嫉妬されている」と主張するだけして、さらに高いところを目指そうという意欲のない新人が、皆さんの周りにも一人くらいはいるのではないでしょうか。

◯「根拠なき自信」を「証明された実績」に変えていく

しかし、前者のパターン、つまり、自分は天才だという自己認識のもとに、これ以上成長していかないパターンというのは、まだ病状が軽いもの。本当に深刻なのは、「自分はやればできる」「やらなくてもできることはわかっている」「だから、やらない」という思考の過程を経て、挑戦すらしない後者の症状です。

こうした人々にしばしば見受けられるのが、過去に華やかなりし「栄光の時代」があるパターン。小さいころ神童扱いされた、名門高校・名門大学を出たなど、前歴が華麗であるほど、その前歴だけを自信のよりどころにして、「過去の栄光」にしがみつきたくなってしまうのです。

過去の栄光にしがみついて、「できるからやらない」と言っている人。こういう方々と、『自信』というキーワード」(20ページ)で述べた「根拠はないけどなぜか自信がある人」と、いったいどこが違うのか、同じじゃないかという批判を受けそうです。ですが、これ、はっきりと違うものなのです。

これまでお話ししたとおり、ポジティブな思考もネガティブな思考も、どっちも究極的には根拠がないもの。だからこそ、「根拠なき自信」を、「証明された実績」に変えていくことが、何よりも重要なポイントなのです。

スタート地点では、自信は、自分だけの自分に対する期待です。それが、『自信』というキーワード」で述べた「根拠なき自信」。けれど、この「なんとなくの自信」、これは、この自信に満足してそこで歩みを止めていいというものでは決してなく、次のステップに挑戦するためのエネルギー源なのです。新しい挑戦というのは、誰でも恐怖心を伴うもの。だから、恐怖心を麻痺させて、挑戦へのエネルギーをかき立てるためには、自分に対する一種の暗示、「自分ならできる」という確信が必要なのです。

そう、「根拠なき自信」は、スタートラインに立って、はじめの一歩を踏み出すための推進力となるもの。そこから長いレースを続けるには、やっぱり自分の足で一歩ずつというのが大事なのです。

そして、そこで成果を得れば、「根拠なき自信」は、「証明された実績」になり、自分だけの自分に対する期待は、周囲からの期待に広がっていきます。

そして、このスパイラルを繰り返すことで、「根拠なき自信」はどんどん強化されていきます。あのときも成果を出すことができたから、今度もきっとだいじょうぶ、スタートラインに立つときに、迷いなくそう信じられること、それが確実にあなた自身の挑戦の幅を広げてくれることになるのです。

◯「根拠なき自信」をコントロールする二つのポイント

この「根拠なき自信」を、どうやって「きっとできる。だからやろう」という方向に持っていくか。「根拠なき自信」をコントロールするのには、二つのポイントがあります。

それが先ほど述べた、

- 「ミクロな視点」でのネガティブネス
- 「マクロな視点」でのポジティブネス

自分の最終的な目標到達力には全幅の信頼を置きつつ、足下《あしもと》の具体的な課題に関しては自分自身を疑ってかかること。

私は何かに挑戦するとき、いつも「きっとできる」と思ってきました。同時に、「足下でつまずく自分」も具体的にイメージしていました。

次は満点を取れる、と思いながら、「ケアレスミス」があまりに多い私の欠点も同時に認識。

この資格をきっと取れる、と思いながら、今の勉強量では来年の試験に間に合わないことを認識。

この分野の知識をもっと強化できる、と思いながら、現状では自分の知識は軽薄であることを認識。

自分はきっとできる、という暗示をかけながら、そのための道のりを冷静に分析。それによって、頑張りのスイッチが入るのです。

「きっとできる。だからやらない」というマインドの新人がそのまま年を重ねてしまうと、状況はさらに悲惨なものになります。育ってしまったプライドの高い壁はいかんともしがたく、そしてそのプライドを守るために、自分が評価されないのは、ひとえに社会のせいと思って、拗《す》ねてしまう。

もちろん、すべて自分の責任と思い込んで心を痛める必要もないですが、評価されていないとしたらその責任は、だいたいは個人が半分、社会が半分くらいの痛み分けだと思います。それを、すべて社会のせいにしてしまったら、自分を省《かえり》みて成長しようという意欲は、そこで止まってしまうことになります。

残り長い人生を、ずっと世を拗ねて、斜に構えて生きていくなんて絶対に嫌。そうならないためには、「根拠なき自信」を前向きな方向にコントロールしていくことが、とっても大切なのです。

POINT

基本的に自分を信じる。
同時に、目の前の課題もしっかり直視する。

「勉強法」確立のために、自分を知ろう

○自分の「得意ジャンル」を見つけるには？

「自信」というキーワードについてここまで詳しくお話ししたのには理由があります。勉強法を確立するノウハウにおいても、自信が強い基盤として必要となるからです。できること、得意なことを認識していれば、それが自信となって、勉強に向かいやすくなるのです。

ここで「得意なことなんてない」と決め付けるのは禁物。個人の能力が完全に平板なんてことはあり得ない。誰だって「これだけは嫌」とか「これだけはやりたくない」って思うことがあるでしょう。逆にいえば、そうじゃないところ、へっこんでいないところは、相対的にでっぱっているはずということで、苦手なことや嫌なことを除くことで、特技や好みの得意分野が必ず見つかるはずです。それを分析するには、二つの切り口があります。

ひとつ目は「ジャンル」。つまり文系か理系か、といったことです。私が勉強をし、受験をしながら、周囲を見渡す限り、多くの人は「文系人間」か「理系人間」に分けることができました。この古典的な「文系」「理系」の分け方には、いまだに説得力があります。

自分は「理系」に分類されると意識できない人は、「文系人間」である可能性が高いでしょう。科学論文の不正だって、データに基づく論証がなされるよりも、むしろ「悪意はあったか」「捏造《ねつぞう》といえるか」といった「文系」的な報道がされることが多いのです。この世の中には、「文系」を得意とする人のほうが多いのではないかと私は思っています。

まず、「理系」の特徴。やっぱり、それは圧倒的に「数字」に強いこと。

たとえば、ある簡単な表を作ってほしいと、仕事で上司から頼まれたとします。「グラフ」ではなく「表」ですよ。そのときに、Ｗｏｒｄを使って作業をするか、Ｅｘｃｅｌを使って作業をするか考えてみてください。表にもＷｏｒｄを使っちゃう人（私もそうですが）は、かなりの確率で「文系人間」だと思います。

マッキンゼー中興の祖としても名高い大前研一先生の語られる「戦略的思考」。大前先生が初めてこの内容を世に出したのは１９７０年代とのこと。それなのに、今になってやっとそれを読んだ私は、それでも、非常に鮮烈な印象を受けました。

週末に風光明媚《めいび》な観光地でスポーツを楽しもうという、1泊2日のパック旅行のパンフレット。それに対して大前先生は、渾然《こんぜん》一体となった雰囲気を売りにしており、どの雰囲気に対して対価を支払っているのか明らかではないと一刀両断します。そして、この旅行の売り物となっているスポーツ。ここに着目して、「風光明媚な観光地」まで行って帰る時間を算定し、実際にスポーツをしている時間は、1泊2日のうちに実に数時間に過ぎない計算となることをあぶり出します。そして、宿泊費・交通費・食費を抜いた金額を、このスポーツに対する対価として、スポーツ1時間あたりにいくらの対価を支払うことになるのかを割り出します。結果として、それは、東京近郊でゆったりとスポーツを楽しむ場合と比較して3倍も高いという否定しがたい結論が、明確に導かれてしまうのです。

大前先生は、都会を抜け出してスポーツをすることを否定しているわけではなく、「なんとなくの雰囲気」に対してお金を払うべきではないという主張をしているのです。東京近郊と比較して3倍も高い計算になると明示的に認識した上で、「風光明媚な観光地」でスポーツをすることはそれを上回る価値があると認識した場合にのみ、それをすべきだということを主張しているのだと思います。

全体の雰囲気や文脈とかそういうふわっとしたものを大事にする私にとって、この突き刺さるような鋭い思考法は、非常に鮮烈な印象でした。この分析的な発想って、「理系的」なのではないかと思い、大前先生が早稲田大学の理工学部の出身と知って、「やっぱり」と思ったものでした。

○自分に適したインプット方法も重要

「自分はこれに向いている」とわかってくれれば、そこを重点的に勉強することによって得意分野を強化できます。

一方、得意不得意にかかわらず、仕事上どうしても身につけなくてはならないスキルがあって、その勉強法を探している、というケースも存在するでしょう。

そこで登場するのが、二つ目の切り口――「どんなインプット方法が頭に入りやすいか」ということです。勉強の方法論についていえば、主に三つの入口があります。

①視覚刺激：目で見た情報を認知・記憶する方法。
②聴覚刺激：耳から入る音を認知・記憶する方法。
③行動刺激：人の作業や行動を観察し、模倣しながら学習していく方法。

このうち、もっとも多くの人に向いているのは視覚刺激だと思います。

聴覚によって学習できるジャンルは、音楽や語学の発音など、かなり限定的です。よほど幼いころからトレーニングを積んでいて、耳からのインプットに優れているといったことがない限り、聴覚刺激が視覚刺激より発達している、といったケースは少ないでしょう。また、行動刺激はスポーツや仕事上の実務など、体を伴うスキルの習得に限定されると思われます。机上の勉強に関しては、やはり視覚刺激を重視した勉強法が、もっとも効果的な場合が多いといえます。

○どんな人にもフィットする「7回読み勉強法」

そこでこの本では、視覚刺激によるインプットに特化した勉強法をお話しします。私自身が実践し、成果につなげてきた方法であるとともに、読者の皆さんの多くにフィットする方法ではないかと思っています。

後々詳しく述べますが、ここで簡単に、私の勉強法についてお話ししておきましょう。

それは、「7回読む」という方法です。どんな分野のどんなテキストであれ、軽く読み流すという作業を7回繰り返すだけ。いたってシンプルなんです。しかし、この方法、シンプルながら、いやシンプルだからこそ、合理性とメリットのある方法だと思っています。

第一のメリットは、「疲れないこと」。肩に力を入れて読書に臨むと、まず、負荷がかかりすぎて疲れます。そして、それにもかかわらず、あまり効果がないとなれば、自信喪失につながることもしばしばです。そんな勉強法で続けようというほうが、無理な話という気がします。それに対して、「7回読み」のこの勉強法では、各回の読み方は「流し読み」に近い軽さです。理解しようと肩肘張る必要もなく、わかりづらいところは飛ばしながら読んでも構いません。これにより、勉強に苦手意識を持たずに済むのです。

第二のメリットは、「それでもきちんと理解できること」。サラサラと読み流す作業であっても、回数を重ねれば自然と頭に入ってきます。読書に抵抗を感じないまま、回数を重ねるうちにいつしか理解が深まっていく、という仕掛けです。

得意分野や得意なインプット方法は人それぞれですが、この「基本の仕掛け」は万人に当てはまりうるのではないでしょうか。特に、「勉強」というだけで尻込みしてしまう人には、成功体験と自信を心に溜めやすい方法として、強くおすすめできます。

POINT

得意なことを認識した上で、成功体験を得やすい方法を実践しよう。

大人になった今だからこそできる、戦略的勉強法

○勉強は、大人になってからでも遅くない！

「7回読み」という方法は、どんな適性を持つ人にもフィットする、と述べました。

しかし疑り深い（？）方は、こんな疑問を持たれるかもしれません。

「文章の要旨や本質をつかむセンスがなければ、何回読んでもダメなのでは？」

この疑問には、ハッキリ「NO」とお答えしたいと思います。

「書かれているもの」を理解することは、どんな人にも可能です。

文章は、一見どんなに難解なものでも、意味がありさえすれば、必ず理解できるものです。7回でダメなら10回、10回でダメなら20回読めばいつかはわかります。

そう、センスや才能ではなく、回数の問題なのです。

確かに、難解な文章を一読しただけですぐに要旨をつかめる人なんて、おそらくほとん

どいません。この章の冒頭でお話ししたとおり、「天才」はほとんどいないからです。難解な文章を一読しただけで、要旨をつかんでいるように「見える」人。それは、読解のセンスというよりも、活字、特にその分野に関する著作をどれだけ読んでいるかという経験に負うところが大きいように思います。活字に触れれば触れるほど、反応は速くなっていくのです。

読むことに限らず、音楽や語学などについて想像していただければ、より容易に想像していただけるのではないかと思います。絶対音感を持って生まれてくる人なんて、ほぼいないのです。多くの場合、幼少時代に楽器や歌を習ったり、たくさんの音楽を聞いたりした経験を持っているのです。幼少時代を海外で過ごした人は、その国の言語に馴染み、いわゆるネイティブと同じレベルで自由自在に言葉を操ることができるようになったりします。

……というと、今度はこんな疑問を抱かれるかもしれません。

「幼少時代にそういう経験をたくさん積まなかった人は、手遅れではないのか？」

答えは、これまた「NO」です。大人になってから英語を勉強して、流暢《りゅうちょう》に話せるようになった人を私はたくさん知っています。それはひとえに、大量の英語に触れ、練習と勉強を重ねてきたからです。

もちろん子供のころのような自然な吸収力は、大人になると失われてしまいます。しかし、その分、大人には経験があり、明確な意志があります。子供が好奇心のままにランダムに知識を吸収するのと違い、大人は、目標を立て、その目標に向かってターゲティングした上で、一極集中で勉強することができます。

この本で語る勉強法は、先天的な学習能力ではなく、後天的な学習能力をフルに活用する、大人のための勉強法なのです。

○ 継続的なチャレンジ習慣が身につく！

勉強法のポイントは、理解に至るまでのプロセスをどれだけ速く、かつ確実に行うかにあります。読むという行為は、そのためのもっとも基本的な作業です。「7回読み勉強法」は、大人になってからでも素早く知識を吸収するための、戦略的手法なのです。

ここでこの章を振り返り、この勉強法に必要な要素を今一度整理しましょう。

〈メンタリティ〉

- 勉強は楽しいものではなく、努力が必要と心得る。楽しくないからこそ、最短距離で目的を達成しようという動機が生まれる。
- 目的や目標に対しては「できる」という自信が不可欠。逆にいえば、時間的に到底達成できないような無理な目標は立てないほうが得策。

〈実際の作業〉

- テキストを「理解しよう」とせず、何度も流し読みする。
- 「繰り返し読めば理解できる」ことを成功体験としてしっかり刻み込む。

以上の方法によって成功体験を積めば、「次はこれに挑戦しよう」という気持ちが湧いてきます。継続的に目標を設定してチャレンジする習慣がつくのです。

なぜならこの勉強法は、学びたい内容が頭に入るだけでなく、「勉強体質」が身につく、という特徴もあるからです。いわば、勉強するための基礎体力がつくのです。すると、次のチャレンジをする際にはもっと吸収が容易になり、その成功の実感がさらなるチャレンジ精神を促すというわけです。

私自身も、そのスパイラルに乗って、ここまで来ました。

着実に勉強量を増やしながら、どのようにして現在までの道のりを歩んできたのか——
2章、3章では、その軌跡を語りたいと思います。

POINT

読む勉強法を行えば、その本の内容だけでなく、「勉強の基礎体力」もついてくる。

第２章

私の勉強ヒストリー①
──「少し上のライバル」を意識して

「勉強しよう！」という意志は、こうして芽生えた

○最初のライバルは妹だった

考えてみれば、小学校の高学年から、なんとなく「勉強ができる人」と言われてきたような気がします。ですが、私自身は、とりたてて秀でた才能が自分にあるとは感じていません。前章でお話ししたように、たまに「私ってすごい」と思いますが、そういうときに限ってすぐにへこまされるし、ましてや天才だなんて、逆立ちしても思いません。

そういう自己認識のもとで、私は、周囲よりも飛び抜けて優秀な成績を取ろうと思ったことはありません。むしろ、いつも意識しているのは、ほかの誰かより「少しだけ」上を目指そう、ということ。

昔から、「少し上のライバル」をいつも意識していました。負けたくない存在が近くにいる。圧倒的な大差で引き離して勝つなんてことは夢にも考えない。それよりも、ほんの

少しの差でいいから、その相手より前に行こうと頑張る。それぞれの環境で、毎回そうした頑張りを繰り返してきました。

それはいわば、段差の小さい階段を一段ずつ登るようなものでした。しかし段差は小さくとも、一段ずつでもずっとずっと何年も登り続ければ、結果は必ず出るものです。

私の人生で最初のライバルは、１歳下の妹でした。妹は、生まれたときから、「お姉ちゃん」がいたわけなので、その存在は自然なことであって、ライバルとして意識はしていなかったようです。逆に、それまで「ひとりっ子」だった私にとって、妹は生涯最初のライバル。私は、「お姉ちゃん」の面目を保つために、必死に頑張りました。

頑張る内容は、最初は勉強とは限りませんでした。「やっぱり、まゆは、『お姉さん』ね」という褒め言葉が欲しくて、「姉」たる者、すべての面において妹の範たる存在でなくてはならないと思っていました。

しかし、その悲壮な決意は意外なところで壁に突き当たりました。

小学校低学年のころのこと。スポーツが苦手だった私は、なかなかできない逆上がりを来る日も来る日も必死に練習していました。そして「やっとできた！」と舞い上がった瞬間、隣で妹が空中逆上がりをはじめてしまったのです。クルクルと華麗な弧を描く妹の姿に、私は、たとえようもなく残念な気持ちになりました。そして、そのときに決めたのです。運動において「姉」として妹に尊敬されるのは諦めよう、と。

私の、「姉」として勝負する分野は勉強に絞られました。

これは意外に大きな原体験だったようです。その後、「これはどうにもこうにもならない」と思うほど不得意なことに出会ったとき、すっぱりと諦めて、その分ほかの得意なことに力を注げるようになったからです。

数学が苦手だとわかったら国語や社会を伸ばす。不得意な理科の中でも、全くできない物理ではなく、むしろ生物を選択する。なんでもできるオールラウンダーを目指すより、得意なことが突出してできるスペシャリストを目指すという方向性の原型が、実は、このころにできあがっていたように思います。

○「宿題しなさい」から「頑張りすぎ！」への180度の変化

とはいえ、私の子供時代はのどかでした。小学校の間は、それほど「勉強しよう」という強い情熱があったわけではありません。「自分は社会が得意なようだ」といった程度の認識はありましたが、それを積極的に伸ばそうと思うほどの熱心さはありませんでした。

しかし、私の母にはそれなりに教育熱心な一面がありました。

我が家でそのころ毎週日曜日に購読していた子供向けの新聞。この新聞には、有名中学校の受験問題をベースにした、学力を試すための難問が載っていたのです。毎週日曜日になると、母はそれらの問題を私に解かせようとしました。当時の私に、有名中学校の問題なんて解けるはずもありません。「x」や「y」を使って母が問題解説をしてくれるのですが、この解説自体、小学生の私にとっては難しすぎるものでした。その結果、私は、難しい問題を自力で解くことにおもしろみを感じるどころか、むしろ、勉強に抵抗感を持ってしまいました。

当時は万事その調子でした。毎日のように「宿題やったの？」と聞かれましたし、夏休みには「一行日記書いた？」と聞かれました。不思議なもので、ちょうど私が、今からはじめようと思うタイミングで、母がそう聞くのです。ちょうどやろうと思っていたところなのに、非難がましく聞かれると、逆にやる気をなくしてしまい、夏休みの一行日記なんて、夏休みの最後の日に、「今日、プールに行った」「今日もプールに行った」「今日もまたプールに行った」とまとめて記載するのが常でした。毎日の天気を書く宿題があったりすると、古新聞を持ち出して天気予報欄を見ながら、まとめ書きしたり。

そんな私が変貌したのは、中学に入ってからのことです。

ごく普通の公立中学でしたが、小学校とはやはり雰囲気が違いました。定期試験というものがあり、定期試験の度に順位がつき、そして五段階の評定がなされる、という定数的評価システムの中に置かれたのは、大きな変化でした。

その最初の定期試験で、私の成績は「2番」でした。塾にも通ったことがなく、模試も受けたことがなかった私は、このとき、初めて、自分のレベルを客観的に捉えたのです。しかも、1番を取った同級生は、私と同じ小学校の出身でした。私の中学校には、三つの小学校の出身者が通っていました。もし、彼女がほかの小学校の出身者であったなら、私にはかなわない存在と思って容易に諦めてしまったかもしれません。しかし、彼女の小学校時代を知っている私は、逆立ちしてもかなわない相手とは決して思わなかった。そのとき、私は初めて、妹以外のライバルを明確に意識しました。1番を取った同級生を意識して、「もうちょっと頑張れば、この人より上に行けるかも」と考えたのです。

それが、自分の意志で勉強をはじめるきっかけでした。定期試験前になると、私は、子供部屋にこもってカリカリと勉強します。そのうち母は、私に「宿題やった?」と聞かなくなりました。さらにテストが近づくと、今までと違って、両親が就寝したあとも勉強を続けるようになりました。両親は寝る前に、私の部屋に様子を見に来ます。「私達、もう寝るけど、あなたはまだ起きてるの？」と心配そうに。さらに、もうしばらく経つと、両親は、私が何時まで勉強しているのか心配しはじめ、そして、最終的には「頑張りすぎだから、いい加減やめなさい」と言うようになりました。

今思うと、小学生のころの勉強は両親に促され、両親のためにしぶしぶしていたようなものでした。自分より熱心な人がすぐ近くにいる場合、モチベーションが上がらないのも当然です。しかし、中学に入ってからは、自分のために勉強するという明確な意志が生まれました。つまり、ライバルよりもう少し上を狙いたいという明確な目標があって、そのために勉強しようという意志が生まれたのです。勉強を重要な目標として据えるようになったのは、このころからでした。

POINT

「少し上のライバル」がステップアップのきっかけとなる。

一日4時間勉強。全国模試で1位に

○ 部活中も勉強した中学時代

「ライバル」のほかにもうひとつ、向上心の原動力となったものがあります。それは自分に対する評価を維持したいという切望でした。いえ、実をいえば、評価を失うのが怖いというのが正直なところだったかもしれません。

自分の意志で勉強するようになってからのもっとも大きな変化は、活字に対する向き合い方です。それまでの私の活字との付き合いといえば、好きな本を好きなときに読んでいるだけでした。それが、中学校以降は、物語や小説だけでなく、教科書や参考書なども読む時間が増えてきました。つまり「勉強のための読書」をはじめるようになったのです。

このとき考えていたのは、ライバルに負けたくない、そのためには彼／彼女が遊んでいる時間も勉強しよう、ということです。いくらゆっくり遊んでいたいと思っても、「あの子は今何をしてるだろう？」と想像すると、遊びに集中できなくなり、むしろ勉強に戻りたくなります。

試験前には、一日4時間勉強しました。

部活を終えて7時に帰宅、8時に夕食を食べ終え、12時に「もう寝なさい」と言われるまではずっと机に向かうのが日課でした。

ちなみに、部活はソフトボール部。ある程度覚悟はしていましたが、やはり部活と勉強との両立には苦労しました。帰宅は遅くなるし、土日にも試合が入るし。試合の前は駅前で集合してから出かけるのがソフトボール部の慣習。だから、この集合時間にメンバーの誰かが遅刻すると時間のロスが発生し、これもストレスの原因となりました。

あるテストが迫っている日曜の朝。いつも遅刻するメンバーを待ちながら、どうせイライラしているのならと、テキストを開いて勉強をはじめてみました。

これは、なかなか勇気のいることです。想像してみてください。中学校時代の女の子達は、誰でも、人と違うことをすることに対しては、すごく消極的。それでも、勇気を出して、みんなと違った行動をしているうちに、「勉強熱心な子」というキャラクターが確立してきました。そういうキャラ設定ができてしまえば、みんながダラダラとおしゃべりしているところで、自分一人だけ教科書を食い入るように見つめていても周囲も特段気にも留めないものです。そうした周囲の認識ができあがったあとは、あれこれ気にせず「すべきこと」に打ち込めるようになりました。

○ 新たな可能性を拓くために――北海道から東京へ

「読む」ことに中心軸をおいた勉強法の基礎は、中学生の終わりごろ培《つちか》われました。試験前に範囲が発表されると、その範囲を一度さらっと読む。あとはそれを何度も繰り返すだけ。そして試験前日には、もう一度ざっと全範囲を読んで、テストを迎える。

この方法をとれば、テスト範囲の知識をまんべんなく網羅することができて、大きな「抜け」が減りました。

中学校3年生になって高校受験対策の全国模試を受けるときも、同じ方法をとりました。

「模試のために勉強するの？」と驚かれるでしょうか。そう、私は、模試のためにも勉強したのです。なんであれ、採点されるものに対しては、十分に準備して挑みたい。そうすれば、結果が悪かろうと納得できるけど、そうしなければ後悔してしまう。中学校に入ってはじめての定期試験で養われた「試験マインド」で、私は模試でも、準備をして挑むことを常としていました。

高校入試を目的とした全国模試の場合には、中学校の定期試験と比べて範囲が格段に広い。たとえば、日本史なら、中学校1年生からここまでに習ったことというふうに比較的広範囲に、試験範囲が設定されているのです。この広範囲について、まとめノートを作ったりしていては準備が間に合わない。苦肉の策として、試験範囲を「サラサラと」通読する、という作業をはじめました。しかし、サラサラと1回読んだだけでは、なかなか定着しないということで、私は、この「サラサラ読み」を何度も重ねることになりました。

すると、驚いたことに、中学校3年生になったばかりの全国模試で、私は1番を取ってしまったのです！

全国模試というと、東京のそうそうたる名門中学校の、聡明な生徒達が、受けていたりするものです。北海道の公立高校に通っていた私は、1番を取れるなんて、思ってもいませんでした。しかしながら、これにはからくりがあります。英国数の三教科ならば、私の成績は決して1番ではなかったのです。成績アップのポイントは理科と社会。中学校3年生になったばかりの全国模試は、かなりの広範囲が出題範囲となっていました。通常の授業に従って学習していれば、出題範囲をカバーできない仕組みです。「サラサラ読み」で全範囲を一応網羅していた私は、他の受験生に比べて有利だったのです。

さらに思いがけなかったのは、その模試を主催した塾から、「このまま公立高に進まれるつもりなのですか」という電話を受けたことです。

それまで、私は高校受験というものをあまり意識していませんでした。そして、私は塾に通ったこともなく、通う気もなかったので、通常ならば、何も考えずに地元の進学校に進むはずでした。

しかし、この一本の電話が、私にとって新しい世界への扉となりました。新たな選択肢が視界の片隅に入ってきて、はじめは頭の中でちらちらとしていたその選択肢は、日増しに無視できないほど大きなものになっていったのです。どうしても、東京の高校にチャレンジしてみたい。またしても、頭をもたげたチャレンジ精神に背中を押されるように、私は、地元の高校ではなく、東京の国立進学校を目指すことにしたのです。

中学を卒業したばかりの娘を、一人東京に行かせることについて、私の両親はしきりに心配し、「北海道の高校に進学して、東京の大学を受ければいいじゃない」と止めました。

でも、私の中で頭をもたげたチャレンジ精神は留まることを知らず、「せっかくのチャンスだから」と、反対する両親を振り切る形で東京の高校への進学を決めました。思い返せば、このころから、二つの道があるとき、自分の可能性を広げるほうの道を選ぶという哲学が、私の中に息づきはじめたように思います。

POINT

時間は最大限有効活用、チャンスも最大限に活用。
それが可能性を広げる鍵となる。

14歳で上京。「デキる」同級生たちの中で……

○通学中に痴漢に間違われる⁉

高校入学直後のころの気持ちは、中学に入ったときと、とても似ていました。

そう、「勉強ができる子」というのが、私のクラスの中でのポジショニング。それが、私のアイデンティティでもありました。「これまで築いてきた自分のアイデンティティを失いたくない」という、切実な思いが、私にはあったのです。

特に今回は東京の進学校とあって、入学したてのころから、全員が私より頭がよさそうに見えました。

私は、ここで「中の下」くらいの成績を取る。運動も得意じゃない、手先も器用じゃない、話もうまくない私は、一体どうやって「自分自身」を維持していけばいいの？

この切実な思いが、最初の定期試験での頑張りにつながりました。そして、この最初の頑張りが幸いしたのも、中学のときと同じです。成績上位グループに入れて、「私、東京の高校でも、意外とだいじょうぶだ」と大きな安堵《あんど》を覚えました。

「意外とだいじょうぶだ」のあと、安心して頑張らなくなるというのは、正しい道ではないと思います。「意外とだいじょうぶだ」と思ったら、それよりさらに前に進むことを考えなくてはなりません。忘れてはいけないのは、自分の「ライバル」達も前に進んでいること。「意外とだいじょうぶだ」と思って、歩みを止めると、今のポジションをキープできないばかりか、みんなに抜かれて周回遅れになりかねません。

そういうわけで、勉強時間は中学時代より1時間増しの5時間。進学校とあって、定期試験の前には部活も休みになるので、夕方に帰宅して7時から勉強に専念することができました。

当時住んでいたのは、東京近郊にある祖母宅。通学には片道1時間半かかりました。毎日3時間を無為に過ごすというのは、途方もない無駄。ということで、試験前には、通学時間も勉強時間として利用するようになりました。とはいえ、朝のラッシュアワーの真っ只中ですから、座ることは不可能。立ったまま足を踏ん張って、細く開いた教科書を必死に読んでいました。

そんなある日、とんでもない事態に遭遇したことがあります。いつものように教科書をサラサラと読み流していた私は、降りる駅に着くまでに一冊を読み終えてしまいました。そこで足下に置いたカバンから別の教科書を取り出そうとして、足下にすーっと手を伸ばしたら……。

私の前に立っていた女性に、いきなり、すごい勢いで手をつかまれました。そして、その女性の口から「痴漢です！」の一声が。

突き刺さる周囲の視線の中で、思わず唖然。でも、つかんだ手の主が女子高生だと知った女性はもっと唖然としていました。

もし、私が男子だったらどうなっていたことか……。東京の通勤電車の中は、意外と危険。もしかしたら、身を守らなくてはいけないのは、サラリーマンの皆様のほうかもしれません。

○ 各教科の特徴を、自分流の勉強法に近づけて

高校時代は「サラサラ読みを何度も繰り返す」という勉強法が完全に習慣化した時期だったと思います。

この勉強法がフィットするのは定期試験の英語と、理科系と社会科系です。定期試験の英語は、教科書に書いてある文章が出題範囲となります。教科書に書いてある文章を何度も何度も読めば自然に頭に入ります。たとえば、ある箇所の冠詞が「a」か「the」か。また別の箇所の前置詞が「at」か「in」かを尋ねるような問題があったとします。教科書の文章をしっかりと読んでおけば、テスト問題を前にして改めて考える必要なんてありません。ここは「the」だ、ここは「at」だ、となんとなく覚えてしまっている事柄が、そのまま答えになります。

理科の生物や地学だって、教科書に書かれていることを何度も読めば、ディテールまでしっかり頭に入ります。

特に、この「サラサラ読み」を何度も繰り返すという勉強法が、圧倒的にフィットするのは社会科系です。そして、高校時代の科目には社会科系ってとっても多いのです。世界史あり、日本史あり、地理あり。さらに、政治経済や倫理だってあります。これらの社会科系において「サラサラ読み」は、圧倒的な威力を発揮します。

ちなみに、私は、空間認識が不得手なせいか、地理が苦手で、読むのにも覚えるのにも時間がかかりました。それでも、「サラサラ読み」の回数を増やせば、なんとかなるという点では、ほかの社会科と同じです。ですので、これらの教科に関していえば、特に勉強法を変える必要はないといえます。

対して、少しアレンジが必要となるのが現代文です。

教科書を読むことを通して理解できるのは、その文章の内容だけ。しかし、現代文の場合には、往々にして、その文章の内容を覚えるだけでは意味がなく、文章の読解力を問われることが多いのです。

そこで作ったのが「第二の教科書」です。先生の板書に加えて、口頭で解説される言葉も漏らさずノートに取り、このノートを何度もサラサラと読む、という方法をとりました。

数学も同様にサラサラ読みの変型が必要。数学の場合にも、教科書を読むだけでは、実際の試験問題を解けるようにはなりません。そこで、私が編み出した「7回読み」の変型が「7回解き」。たとえば、微分積分、因数分解、数列など習った単元に沿った問題が出ている問題集を使って、それを何回も繰り返し解きました。色々な問題に当たるのではなく、同じ問題を何度も解く。すでに一度解いている問題であっても、繰り返しやってみるのです。その作業を通して、解き方それ自体を覚えていくことにしました。

こうして様々な科目と向き合う中で実感したのは、自分の得意・不得意の傾向です。自分自身が理系より文系に親しみやすさを感じること、「図」より「文章」のほうが頭に入りやすいことも発見しました。そういう自己分析に従って、理科の中では図的な要素の強い物理ではなく、文章的な思考でも理解できる生物や地学を選択する、といった一種の知恵も、このときについたものでした。

自分の勉強法という「軸」を確立した上で、様々な教科をその「軸」に引きつけて勉強する、というスタイルが確立されたのです。

POINT

未知の場所、苦手なことでも一歩踏み込めば、すべきことが見えてくる。

予備校に行かずに東大合格！その猛勉強の秘密とは

○講義を聞くより、独学のほうがスピーディ

高校3年生になってからは、東大を目指して受験勉強をはじめました。私の通っていた高校は国立。なんとなく、私立よりも国立を目指す雰囲気があり、東大を目指している生徒がとても多かったのです。東大を目指すというのは、私にとっても非常に自然な選択でした。

その一方で、周囲と違った選択をした部分も、私にはありました。

皆が予備校に通いだす中、私は家で勉強することにしました。というのも、私は他の人が周囲にいる中で勉強するのはとても苦手。なかなか集中することができないのです。

予備校の講義を聞くことにも、さほどメリットを感じませんでした。友人から講義のテープを借りて聞いてみた結果、「これってテキストを音読しているのとあまり変わらない

じゃない？　これなら自分で勉強したほうが効率がいいわ」と結論づけてしまったからです。

なぜなら、人が話す言葉を聞くより、書かれた文章を読むほうが、圧倒的に速いからです。1回の講義が90分なら、同じ時間に2回、3回と繰り返し読むことができます。しかも、話を聞いている間はその内容を「覚える」ことに力を注げません。読むだけなら、同時に「覚えよう」と意識することもできます。同じ内容の情報を入れるのであれば、聞くよりは読むほうが圧倒的に速い。だからこそ、スピーディに事を運べる読むことに特化した勉強の仕方を選ぼう、と心に決めました。

「プロの講義ならではの情報が聞けることも、独学にはないメリットではないか」という意見もあるでしょう。たしかに予備校の先生の授業はおもしろいですし、解法や解釈についてのアドバイスが役立つ、という面もありそうです。

それでも独学を選んだのは、情報源をひとつにしておきたかったからです。「こんな解き方もある」「この文はこうも解釈できる」といった話、教科書には書かれていない情報に、心は逆に混乱するおそれがあると考えたからです。

「読む」勉強は、講師の解釈や見解など他人の付加情報が介在しないぶん、自分の理解の構造にもっとも合った方法で、頭に取り入れていくことができます。誰かの解釈をなるべく少なくし、できるだけストレートに自分の頭へ――この勉強法こそが、私を最短距離でゴールへ導いてくれる方法でもありました。

○食事と入浴、睡眠以外は、すべて勉強時間

大学受験が近づくと、学校の授業は基本的になくなってしまいました。ですから、大学受験を目前に控えた高校3年生の冬から、私は、ずっと家で勉強していました。

朝は8時起床、夜は午前2時就寝。6時間睡眠ですから、受験生としてはたっぷりとっているほうかもしれません。昔から睡眠時間だけは、できる限り削らないようにしようと決めていて、これは現在も固く守っているルールです。

食事と入浴、その他の細々した時間を除いて、残りの時間のすべてを勉強に投入しました。おそらく一日14時間は机に向かっていたと思います。

この時期になっても、私は、この日は何を勉強しよう、という計画を厳密に立てることはしませんでした。何月までに基本書の中の何ページまで進もう、といったスケジューリングも一切なし。その日その日に、必要だと感じたことをやり、飽きてしまったら教科を

変えました。

「そんな方法でだいじょうぶなのか」と思われそうですが、これがだいじょうぶなのです。私の勉強法は、どんな教科であれ、最初に全範囲を短時間で通読します。だからこそ、非常に短時間で全範囲をカバーできてしまうのです。そうすれば、「あそこはまだ手を付けられていない」といった不安が、まずはなくなります。

最初に全範囲を通読するので、基本書の中で何にページ数が割かれている、つまりどこが重要かというメリハリが最初の段階でわかります。さらに、どこが比較的とっつきやすく、逆にどこが読みにくいのかという、自分にとっての難易度のメリハリも、最初の段階でわかるのです。そして、その教科の全体像というマップを描くことができます。

このマップさえ描ければ、スケジューリングは不要。受験によく出る重要なポイントは、ページ数が多いから、自然と重点的に学習することになります。さらに、自分にとって読みにくい箇所は、読む速度がゆっくりになるので、こちらも自然と重点的に学習することになります。

スケジュールを立てなくても、読み進めていくだけで、重要なポイントや不安要素に重点を置いたメリハリを付けた勉強法が、自然とできるようになるのです。

時期も押し迫り、内容が一通り頭に入ってくると、「書く」方法も取り入れました。この方法には二つの効果があります。ひとつは記憶を頭に定着させる効果、もうひとつは試験の練習です。試験の場合には、「書く」作業が必要になるので、その感覚を体に覚えさせようと思ったのです。

特に英単語は熱心に書きました。英単語の勉強も、単語帳ではなく、英語の文章を読むのが、私のメインの作業です。英文を最初はひたすら読むこと数回。慣れてきたら、A4のメモパッドに、その文章の中の英単語をどんどん書いていきます。1ページいっぱいになるまで書いたら破って捨ててまた書く、の繰り返し。最後の一枚まで使い切ると、「頑張った!」という達成感と満足感が味わえます。英単語の勉強では、高3の1年間でそのメモパッドをゆうに二〜三冊は使い切ったと記憶しています。

POINT

「読むこと」中心の勉強なら、スピーディで重要ポイントもつかみやすくなる。

東大という場所で学んだ、新たな手法と向上心

○　大学で編み出した新しい勉強法

先ほどお話しした受験勉強が功を奏して、翌年の春、私は、東京大学文科一類に入学しました。

大学に入って感じたのは、授業のあり方がこれまでとまるで違う、ということです。

中学や高校では、授業ごとに教科書があります。対して大学では、講義に使う基本書はあるものの、それをほとんど使用せず口頭で進められることもしばしば。中には、基本書を指定しない授業もありました。

大学受験のときに確立された私の「読む勉強法」は変わりません。ただし、基本書がない。その代わりにどうするかというと、「基本書を作る」という一手間が加わることになりました。つまり、先生の言葉を教科書代わりにするしかないということで、授業中に語

られた言葉を書き取って「自分で基本書を作る」ことが勉強の大事な一部となったのです。だからこそ、授業は重要な基本書作りの場。その場では、授業の内容をどんどん書き取ること、情報を取りこぼさずに書き取ることが、最優先でした。

重要なことは、その時点では、頭を使うことはほとんどしないということ。大量の情報が一気に吐き出される授業の時間の間に、その情報を記録しながら、同時に理解したり、整理したりするのは至難の業《わざ》だからです。結論として、授業の時間には情報を記録する作業だけに集中することになります。

情報を理解したり、記憶したりするのは授業のあとになります。

その方法はもちろん、大学受験のときと同じ「サラサラ読み」。自分で記録したノートを教科書代わりにして、それを何回も読むのです。

急いで書き取った手書きの文章は、最初はよく理解できません。でも3回も読むと要旨がつかめてきます。授業の時点で「あの箇所は、先生も強調されていたな」といった記憶も改めて蘇《よみがえ》ってきます。ちなみにどの先生も、大事な箇所については長くお話しされます。したがって、ノートについては「重要ポイント」にマークを付けるといった書き方をする必要なんて全くない。「先生が長く話すのは重要ポイント」。だからこそ、重要ポイントはノートも厚くなる。重要ポイントにマーカーで線をひいたり、そのポイントを繰り返し勉強するような手間ひまなんてかける必要なし。先生の授業のとおりにノートを取り、それを繰り返し読んでいれば、自然とメリハリの効いた勉強ができるのは、大学受験のときに基本書の「サラサラ読み」を通じて会得したノウハウと共通でした。

○ 必要に駆られ、文明の利器を活用

さらにいえば、最初のころは授業を聞いて、そのまま手書きでノートを作っていましたが、前期教養課程から法学部に進学してからは状況が変わりました。東京大学の場合には1年生と2年生は、前期教養課程といって駒場で授業を受け、3年生と4年生は専門の学部に進学します。法学部に進学してからの授業は本当に大変。一コマ一コマの情報量が全然違います。シャワーのように降り注ぐ法律用語を拾いきれないまま、「三つのポイントって仰《おつしや》ってたけど最後の1個はなに？」「今の法律用語、聞き取れなかった！　あの用語なに？」と思っているうちに、授業がずんずんと先に進む。授業が終わったあとに、ところどころ空白のノートを眺めながらため息をつくこともしばしば。

そんな中で、私は、法学部に進学してからは録音も活用するようになりました。授業に

持ち込むものは、ノートと鉛筆ではなく、むしろパソコン。さらに、私の大学時代に短い全盛を誇って、今や見かけなくなってしまったMDとその録音プレーヤー。パソコンでノートを取りながら、録音プレーヤーで授業をMDに落とす。家に帰って、そのMDを2倍速で聞きながら、さらにパソコンに記録しているノートを補充するという方法です。法学部に入ったばかりのころはなかなか速く打てなかったパソコン。しかし、その扱いに慣れてからは、手書きよりも断然速くなりました。東大法学部の場合には、教授によっては「録音不可」の指定を受けることがあります。その場合には、授業中にパソコンに講義内容を打ち込むのが一番。パソコンを持ち込むようになってからは、書きすぎて右手がじんじんと痛むといったこともなくなりました。

このようにして、文明の利器に頼りながら、私は「自作の基本書」作りを、少しずつ上達させていきました。

○ 受験が終わっても、勉強は終わらない

さて、大学に入学したばかりの私が何を思ったか——もうおわかりでしょう。

これまでと全く同じように、「周囲はみんなデキる人たちに違いない！」と、内心どき

どきしていました。それもそうでしょう。なんといっても、私が入学したのは「東京大学」。日本全国から「すごく頭のよい人たち」が集まっているに違いないと憧憬《しょうけい》と懼《おそ》れを抱いていました。しかしながら、結局、東大も中学校、高校と同じパターンでした。

つまり、ここで「私は中の下」という現実に直面するのだろう、「そんなの嫌！」、だからその恐怖心と闘うために、頑張って勉強するという、例のパターンです。そしてさらにいえば、その結果、試験でそこそこいい成績をとり、「意外とだいじょうぶだ」と思うというサイクルも、実はこれまでと同じでした。

違ったのは、周囲のほうです。皆が猛勉強していた高校3年生のときとは対照的に、東大生たちの多くは、大学に入学したら最後、全然勉強しなくなってしまうのです。

私も偉そうなことは、もちろん言えません。大学受験の勉強をしていた高校3年生のころは、人生でもっとも苦しかった時代のひとつ。その苦しい受験勉強真っ只中で、「大学に合格したら、もう二度と勉強なんてしない！」そう、私は心に決めていました。

でも、実際に入学してみると、向上心なのか、野心なのか、もっと上を目指したいという気持ちがまた頭をもたげるのです。

試験が終わる度に「もう二度と勉強なんてしない！」と思うのは私のいつものパター

ン。司法試験の勉強をしていた大学2年生のときも、同じように人生でもっともつらかった時代のひとつ。そうなると、やはり同じように、司法試験にさえ受かれば「もう二度と勉強なんてしなくていいはず」と思いながら、勉強に励んだものでした。今、振り返ってみると、司法試験の合格を最後に、勉強を止めたわけでは、決してありません。

ひとつの目標が達成されれば、また次の目標を達成したくなる。もっと上を目指したい。この本を書いている今も、私は、勉強の途上にあります。

「そんな人生、つらくない？」と聞かれることがあります。つらくないといえばうそになりますが、私はこう思っています。

勉強する目標がある人生は、つらいことがあるからこそ、楽しいことがある。勉強をする目標がない人生の場合には、つらいこともない反面、楽しいこともないのでは、と。

先日、イースター休暇で帰国した友人と一緒にランチを食べました。彼は、東大を卒業して、外資系金融機関で働き、そして今は海外に拠点を移しています。文句なしのエリート。そして、私が見た同年代の中で、もっとも賢く、バイタリティがあって、さらに性格もいい、尊敬する友人の一人でした。

その彼が、私にこう言いました。「妻の誕生日に『何か欲しいものは？』と聞いたら、

『特に何もないわ』と言われた。あらためて考えてみると僕も欲しいものはない。人生はどんどん平坦になる」

この「人生が平坦になる」って感覚、私は「すごくわかる！」と思いました。

苦しくても何か手に入れたいものがあってそのために勉強する、そしてそれが成果につながって満足する。人生は、不快とその次の快の繰り返し。そして、不快と快の量って多分同じ。不快な勉強時間が長ければ長いほど、そのあとに凝縮された快感――達成感と満足感――が得られるはずなのです。それに対して、次の目標がないと、この不快も快もない「平坦な」状態になります。

人生にどちらを望むかは価値観の問題だと思いますが、私にとっては、快も不快もない平坦な毎日よりも、向上心を持って勉強しようと励み、そしてその結果として達成感を得る毎日のほうが楽しい、と思えるのです。

POINT

目標を達成したあともレースは続く。努力と向上心を捨ててしまうのは禁物。

大学3年生で司法試験に合格した秘訣とは……

○「好きではない」からこそ、一度で受かる！

国家公務員試験に受かるという目標を定めたのは、大学2年生の春。

しかし、国家公務員試験を大学在学中に受ける条件のひとつとして、「翌年3月に大学を卒業する見込みの者」でなければならないというのがありました。大学3年生は、基本的には翌年3月までに大学を卒業する見込みはないはず。したがって、3年生のときには国家公務員試験には挑戦できないと、私は思いました。

国家公務員試験を3年生で受けられないならば、受けるのは4年生のときになるはず。それなら本腰を入れて勉強するのは3年生のときからでもいいはず。では、2年生の時期は何をして過ごせばいいのだろう。

私が出した結論は、司法試験に挑戦すること。

この司法試験に向けて勉強した大学2年生と3年生の時期が、人生でもっとも壮絶な勉強をした時期でした。

しかし、今、思い起こしてみれば、司法試験の勉強をはじめた時点では「絶対に受かろう」とまでは思っていなかったのです。たとえ不合格でも、勉強した過程で得た知識は無駄にはならないはずだし、法学部の定期試験にも、国家公務員試験にも役立ちそうだし……と、軽い気持ちで着手しました。

それにもかかわらず、実際に司法試験の勉強をはじめてみると、そのような軽い気持ちはどんどん強い決意に変わっていったのです。

その理由は二つあります。まず、ひとつ目は、「つらいことは最短で済まそう」と思ったからです。

法律は私にとって一番好きな分野ではありません。好きな教科の勉強だってつらいのに、好きじゃない法律の勉強はとってもつらい。ストーリー的要素があるとはいっても、法律の条文なんてしょせん無味乾燥。司法試験に何度も落ちて、こんな苦痛な勉強を何年も続けるなんてまっぴら。そう思うと、自然にアクセルを踏み込んでいました。

考えてみれば大学受験の勉強もそうです。真剣に勉強している人ほど、2年間は続けられないから、現役で合格したいと強く思った、と口を揃えます。

二つ目の理由は、司法試験の勉強があまりにもつらく、これが結果につながらないのはしゃくだと思ったから。司法試験は、達成度試験ではなく、合否の試験。まずはこれに合格しなければ、いくら惜しいところまでいっても、法律家としての資格を得ることはできません。ここまでつらい勉強をしているのだから、その結果を何らかの形で残したいという意欲も、むくむくと湧いてきました。

司法試験までのおおよそ1年間。この期間に頭に入れるべき知識は膨大にありました。「六法」、すなわち憲法、民法、刑法、民事訴訟法、刑事訴訟法、商法の六つを、この期間にすべて頭に入れて理解しなくてはいけないのですから大変です。さらにいえば、まだ法学部に進学していなかった大学2年生の私にとっては、多くの教科が全く手を付けたことがないゼロの状態からのスタート。

そこで、私が実践した勉強法というのは、司法試験受験者が通う予備校のテキストを繰り返し読む、という方法でした。司法試験予備校のテキストのよいところは、網羅性があって、かつ、偏りがない点です。さらに司法試験合格という目的に特化していて、そのために必要な知識だけを、コンパクト（とはいっても膨大でしたが）にまとめて提供してくれるところも魅力でした。

権威ある教授の有名な解説書をマスターすればよいのだと思う方もいらっしゃるでしょうが、私はあえてそれはしませんでした。なぜなら、専門家の書く本は「研究書」であり、その教授自身の見解や独自性、つまりは偏りあるからです。さらに誤解を懼れずにいえば、その道の最先端の知識や、深い探求といったものは、法律家の「入口」であるところの司法試験合格のために、最低限必要な知識とはいえません。つまりは余分なもの。

全体を網羅する知識を得ること、余分なものは一切省みず、合格という目的のために最低限必要な知識を得ること。目的から逆算して、最短コースを考えれば、予備校のテキストというのはもっとも合理的な答えでした。

○　間違いを気にせず、「ひたすら解く」勉強法

当時の司法試験には、合計四つの試験がありました。もっとも一次試験は大学で所定の科目を履修していれば免除。ということで、私は三つの試験を受けました。

まずは短答式のマークシート試験、次に論文式試験、最後は口述式試験です。

予備校のテキストの「サラサラ読み」で知識を総ざらいしたあと、短答式の対策とし

て、分厚い問題集を買いました。

このときに採用した方法は、「何回も読む」の変型で、「何回も解く」という方法。問題を通して知識を覚えるとともに、出題パターンを覚える作戦です。

「何回も解く」勉強をするとき、私は、ひとつ決めていることがあります。それは、最初は間違いを全く意識しないことです。

最初に問題集を解くときには、問題形式にも慣れていないし、知識もないのだから、間違えるのは当たり前。どう考えても、間違える問題のほうが多いのです。ここでいちいち間違いと向き合っていると、気持ちが沈み、勉強がはかどりません。だから、この段階で間違った問題にチェックを入れることは、一切しません。

さらに、自分の理解が確立していない段階で、自分の理解と正解を比べてみるのは無意味。問題を解いて解答を見るとき、自分の出した答えが違ったとしても、自分の回答のどこがどう違うのか、なぜ間違ったのか、などという分析は一切しませんでした。ただ、正答に付された解説を読むだけ。こうすると、自分の間違った考えにとらわれることなく、正答とその解説だけが記憶に残りやすくなります。

誤答のチェックをするのは、全問題を少なくとも5回以上解いたあと。その時点になると全体的な理解も進んでいて、正答のほうが多くなっています。さらに、その段階でも間違う問題は、苦手分野であったり、出題形式が自分に合っていなかったり、何らかの理由があるもの。

私の個人的な感覚ですが、正答率8割、誤答率2割くらいになってから、自分が間違った問題について分析するというのが、もっとも効率的なのではないかと思います。

この勉強法で、無事短答式試験はクリアできました。

◯ 最難関は二次の論文式試験

短答式試験は私が受けた3回のうちでもっとも倍率が高いのですが、実はそれほど狭き門ではありません。受験者全体のうち、本気度の高い人がまだまだ少ないからです。司法試験は、比較的裾野の広い試験。腕試し感覚で受験する人も多いのです。採点者側から見ると、最終的に受かる可能性の高い受験者だけをピックアップする機能を持った試験といえるでしょう。

もっとも難関といわれるのは次の論文式試験です。

短答式試験に受かり、論文式試験が1か月後に迫ったころから、私は、大学に入ってはじめて授業を休むことにしました。それまで、盲腸だってなんだって、休んだことがなかった授業をです。授業は友人に録音してもらうことにした私は、家で勉強に専念しました。軽い気持ちで着手した司法試験の勉強に、私は、ここまで真剣になっていたのでした。

論文式試験こそは、司法試験の本丸です。

確かに、短答式試験の方が論文式試験よりも倍率が高い。けれども、先ほど述べたように、これは本気度を確かめるための「予備選抜」という意味もあります。科目も憲法、民法、刑法の三科目のみ。それに対して、論文式試験の憲法、民法、刑法に加えて、刑事訴訟法、民事訴訟法そして商法という六科目。範囲も圧倒的に広い上に、マークシートで回答する短答式と異なり、その名のとおり論述を要する論文式試験は、単なるテクニックではない法律の理解度を問う試験でした。

確かに、論文式試験との闘いは大変でした。しかし、この試験にさほどの苦手意識はわきませんでした。

司法試験における論文式試験の基本的な作業は、①どのような点が問題になっているかを探し出し、②それに関する一般的な見解を紹介し、③その一般的な見解はここが問題だという批判をした上で、④その批判を克服するための新しい見解を持ち出して、⑤最後にその見解を事例に当てはめるというもの。

あとから振り返れば、重要語句だけではなく、論理を流れで覚える必要がある論文式試験は、「７回読み」で文脈を流れて覚えてしまう私の勉強法に、まさに最適の試験でした。だから、私は第４章に述べる「７回読み」の方法で、論文式試験をクリアすることができました。

POINT

間違いを気にせず、「ひたすら何度も解く」うちに、全体的な理解が深まる。

切迫感に駆られて突き進んだ、19時間半勉強の日々

○皆が受かる試験で、自分は落ちる⁉

司法試験の受験者の多くは、二次試験の論文式試験に合格すると一安心します。もっといえば、ほとんど「これで終わりだ」という感覚すら抱きます。論文式試験の合格発表から、次の口述式試験の実施までの期間はおおよそ2週間。そして、この2週間後の口述式試験で、不合格となるのは5％程度。つまり論文式試験を突破したら受かったも同然、と考えるのです。

しかし私はこの時点で、まさに正反対の心境でした。「この5％に入るのは、私に違いない」と思ったのです。その理由は、変な話かもしれませんが、「運転免許試験に落ちた」という経験のせいです。

大学1年生の夏休みに、私は自動車の教習所に通いました。教習所で受ける運転免許試

験。この試験も、司法試験の口述式試験同様に、受かる人のほうが多い試験といえます。実際に、私が受けた試験日にも一人を除いて全員が合格しました。そして、その一人の不合格者。あろうことか、私自身が、そのたった一人の不合格者になってしまったのです。受験番号が貼り出されたホワイトボードに、私の番号だけがなかったときの絶望感は、今でも忘れられません。この、今なら笑ってしまうような経験が、深層心理の中で思いのほか深いトラウマになってしまったようです。

それ以来、「落ちる人のほうが少数」と聞く度に、自分は多数者側と思って安心するよりはむしろ、その少数者こそ自分という妙な確信を抱くようになってしまったのです。あれと同じ、いいえ、それ以上の絶望感を再び味わうなんて耐えられない、と思いました。

これはあながち「妄想」とばかりもいえません。実際、不合格者のほうが少数である口述式試験に落ちる人は、目立つもので、記憶にも残りやすいのです。合格者が少ない、難関と名高い論文式試験で落ちるのと違い、口述式試験で落ちたとなると後々まで、話題にされます。「彼、論文式試験受かったのに、口述式試験落ちたんだよ！　ちょっと変わってるよね～」と言われている弁護士がときどきいるので、これは本当に本当の怖い話。さらに、私の印象論ですが、なんとなく残念なイメージがつきまとう気さえします。

さらに言えば、こちらのほうが本質的かもしれませんが、論文式試験が終わったあと、あろうことか、私は口述式試験の準備を一切せず、完全に遊び呆けてしまっていたのです。

○ 不合格の恐怖感を振り払うには、勉強をするしかない

ともあれ、なにやかにやが重なって、私が口述式試験の前に抱いた恐怖感は、私のそれまでの人生の中で、もっとも大きいものでした。その恐怖感と闘い、そしてそれを振り払う方法はたったひとつ。そう、勉強することだけだったのです。

この類《たぐい》の切迫感は、人を、もっとも必死にすると思います。少なくとも私はそうでした。中学、高校、大学と新しい環境に入るたびに強くアクセルを踏んだのも、「周囲が自分より断然優れている」と思い、自分だけが取り残されることに焦りを覚えたからでした。

短答式、論文式のときにはあった冷静さや戦略性は、このときにはもうすでに失っていました。一日に勉強すること、なんと19時間半。そしてそれを2週間続けたのです。

一日24時間のうち、食事は各20分×3でトータル1時間。入浴に20分、毎晩母に電話を

かけるのに10分、そして睡眠は3時間。

残りはすべて勉強につぎ込みました。「睡眠だけはきちんと確保する」という決まりも消し飛び、ひたすら自分を追い込んでいったのです。

○ 追い込みの末に、聞こえてきた『蛍の光』

その中で「母に電話をかける」という日課は、精神を安定させるための最後の頼みの綱でした。毎晩10分間、実家に電話して母の声を聞くという息抜きのおかげで、頭がおかしくなりそうなほどの切迫感に完全に飲み込まれずに済みました。

しかし最後は、それさえ危ういところまで来ていたかもしれません。

ある夜、どこからともなく歌声が聞こえてきました。

「♪蛍の光、窓の雪」

『蛍の光』の冒頭のこの2フレーズだけが、何度も何度もリフレインされるのです。その歌声に、私は集中力をそがれ、神経をとがらせていました。

お決まりになった母との電話の時間。その時間に、私は母に聞きました。

「こんな時間に、誰が歌い続けるのかしらね？」

母は、娘の問いに、とても冷静に答えました。

「私には何も聞こえないわ。真由、それは幻聴よ」

「幻聴」と気づいたあとも、歌声はやむことがありません。

さて、口述式試験の当日、待合室は大部屋。しかし、試験時間が近づくと「発射台」と呼ばれる、少人数の待合室に呼ばれます。この「発射台」で私の緊張感はピークになりました。そして、その瞬間も鳴り続ける『蛍の光』。極度の緊張の中で、最後には、私自身が聞こえてくる歌声に合わせて小さくハミング。

「♪蛍の光、窓の雪」と。

「発射台」で、小声で『蛍の光』の一節を歌う私は、相当「ヤバい人」だったと思います。

しかしながら、不思議なことに試験が終わった瞬間に『蛍の光』が聞こえなくなりました。

幻聴を聞くほどの、異常な猛勉強――振り返ると、あれは果たしていいことだったのかどうか、疑問を抱かざるを得ません。

結論としては、明らかに「やりすぎ」だったと思います。

睡眠を削ってまで勉強に打ち込むと、脳は完全に疲労します。精神的に追い詰められるだけでなく、記憶力や集中力にも悪影響が出ます。勉強法として、決して効率のよい方法だったとはいえません。

正直、「この2週間のすさまじい勉強で何を得たの？」と尋ねられたら、「幻聴を聞くという（ある意味貴重な）経験」としか答えられません。6時間の睡眠時間を保持した上で、残りの時間を勉強に費やしても、同じくらい、いえ、むしろそれ以上に知識を整理し直すことはできたでしょう。

結論として、この勉強法自体は決しておすすめできるものではありません。もっとも、ここまで何かに夢中になるという経験それ自体は、私自身の糧《かて》になっていると思います。

POINT

何かに夢中になることは、
ひとつの価値ある経験（夢中になりすぎには要注意！）。

国家公務員Ｉ種試験を目指して

○ 勉強と友人関係、どちらも大切にしたい！

司法試験に合格した1年後、４年生のときに国家公務員Ｉ種試験を受けました。

このときは、常軌を逸した猛勉強はしませんでした。司法試験で「狂気の淵」を垣間見た経験を経て、私もどうやら加減というものを覚えたようです。

とはいえ、それでも一日10時間は勉強しました。考えてみれば、食事や睡眠といった必須事項を除けば、ほかにすべきこともそれほどないのです。

ひとつ例外を挙げるとすれば、友人達との付き合いです。学生生活の中で、友人との付き合いは大きな位置を占めます。おしゃべりしたり、飲みに行って語り合ったり。気の置けない友人達と、気兼ねなく話し合えるのはとっても楽しいもの。

ただ、この友人達との付き合いの時間も、勉強をしているときにはある程度犠牲にしなくてはいけない。では、これらの時間はすべて削ってしまったほうがいいのか。でもそれはとてもつらい。そのときに、私は、こう思うことにしています。

短期的には勉強がとっても大事、でも長期的に考えると、友人達との付き合いもとっても大事。

勉強を最優先事項に置いて邁進《まいしん》することも大事ですが、人間は知識やスキルだけで生きられるものではありません。公私において、自分の危機のときに、精神的にも物理的にも、救いの手をさしのべてくれるのは友人達です。そして、そんな見返りを期待しなくても、仲間とのコミュニケーションそれ自体が、人生を豊かにする大切な要素です。人間関係を円滑に保てないと、社会人として生きる上でも支障があるでしょう。

問題はそのバランス感。短期的には、今は勉強に集中すべき時期。友人との付き合いは、長期的な関係を維持できる程度のものにしないと。ということで、私は、この時期については、自分から友人を誘って遊びに行きはしないものの、友人からの誘いには応じるという明確な基準を作りました。

こうして、友人との付き合いに明確な意義づけができると、遊びに行くことにも正当な理由があるわけです。こう考えることで余計な「罪悪感」を抱くこともなく、気持ちよく息抜きすることができました。さらに基準があれば、ついつい遊びすぎて勉強が疎《おろそ》かになる心配もありません。

○ うたた寝防止の秘策!? マットレス外し

「罪悪感」と言いましたが、これは意外に重要なキーワードです。

「今、自分はサボっている」「無駄な時間を過ごしている」と思うと、精神衛生上よくないのです。勉強以外の時間を過ごすときにこうした「罪悪感」を抱いた場合、休んでいても心が休まらず、結果として疲労が蓄積します。それは勉強しているときの集中力にまで悪影響を及ぼすのです。

友人との付き合いに際して、「これは有益なことなのだ」という理由をつけていたのも、このダメージを避けるためでした。それ以外の娯楽についても、正当化できるレベルに保つようにしました。

たとえばダラダラとテレビを見たり、勉強と関係のない本や漫画を読んだり、こういうものは日常の小さな息抜きのひとつではありますが、自分一人の意志で終わらせなければ際限なく続けられてしまう、という危険な誘惑でもあります。

私が決めた基準としては、テレビや漫画は、歯磨きの時間に限るというもの。歯磨きの時間は、そもそも勉強時間ではない、この時間に歯磨きをしながら、他の何かをしていても時間の無駄にならないと正当化すれば、自分が無駄なことをしているという「罪悪感」を抱くこともなくなります。さらに、私は、もともと母の熱心な指導のもと、時間をかけて歯磨きをするほうなので、歯磨きの時間だけとはいってもそれなりの息抜きになります。

そのほかの手ごわい敵といえば、やはり睡魔でしょう。睡眠は6時間取っていたのですが、日中襲ってくる仮眠への誘惑は侮りがたいものがありました。

眠りとは恐ろしいもので、こちらの感覚では5分程度のはずが3時間経過していた、といったことが起こります。昼だったはずが夕方になっている……そのときの後悔と罪悪感は多大なものです。マイナスの気持ちで勉強をはじめると、なかなか気分が乗ってこない。

それを防ぐために実践していたのが、「マットレス外し」です。

朝起きたら、布団を分厚いマットレスごと外して、ベッドを敷板だけの状態にするのです。こうしておけば、誘惑に襲われてもだいじょうぶ。わざわざマットレスを戻し、布団を敷き直すほうが面倒だからです。
私の勉強法は、年季が入ってくるにしたがって、このようにメンタルコントロールの要素も強いものになってきたように思います。

POINT

「ただのサボり」はかえって疲れる。
息抜きは理由が言えるときだけに限ろう。

東大を首席で卒業できた理由

○「上位三分の一」を目指せば首席は取れる

司法試験、国家公務員試験という二つの目標を達成し、あとは卒業を待つのみ、となったある日、大学から連絡が入りました。

聞けば、卒業生の「総代」として卒業証書を受け取ってほしい、とのこと。法学部においてこの役目を引き受けるのは、一番の成績優秀者。つまり首席の学生です。

首席を取った感想は――「ああ、やっぱり」でした。

というのも、私はある時期から意識して首席を取るべく努力していたのです。

具体的にいうと、すべての科目で「優」を取ることを目指していました。

東大法学部の成績は意外と単純で、私が在籍していた当時は、「優」「良」「可」「不可」の四段階。つまり、「優」しか取らなければ、他の人に負けることは決してないのです。

東大では、「優」は成績上位者三分の一に与えられます。ということは、定期試験の点数でトップを狙わずとも、すべての科目で上位三分の一に入ることを目指せばよいのです。

○ 首席を取るための戦略

三分の一に入るためのコツは三つ。

ひとつ目は、大きな失敗をしないこと。法律を学びはじめたばかりの学生の回答など、先生方から見るとたかが知れているはずです。変に気負う必要はありません。ただ、問題文を読み違えないこととか、定められた回答方法に従うこととか、そういう基本的な点でミスをしてしまうと取り返しがつきません。問題文だけは何度も何度も読み返すようにしました。

二つ目のコツは、「授業をきちんと聞いていた」とアピールすること。私の基本書は、先生の授業をそのまま記録したもの。授業で先生が使われた言い回しが、そのまま載っています。そして、これをテストに書くと……「私は、授業に出席して、きちんとノートを取った学生です」ということがアピールでき、他の三分の二の学生との差別化が、自然と達成できることになります。

最後のひとつは授業をまじめに聞いていたことによって得られる自信。

「テストは授業をきちんと聞いていたか否かを試すもの。私ほど何回も聞いた学生は他にいないはず。ならば、私が悪い点数を取るような試験、これは私ではなく試験自体が間違っている！」

あがり症の私は、常にこういう自己暗示をかけていました。

その結果、大学での成績表を見返してみると、「オール優」。

「これは本当に首席を取れてしまうかも？」と思いました。

試験成績のほかに要素があるとすれば、あとは単位数です。

ここで私は、私ではない他の学生も、「オール優」をとっている可能性を考えました。その場合には、同じ成績を取ったライバルと差別化できない可能性がある。

そのとき、私は、「成績が同じならば、単位数で決めるのではないか」と推測しました。

そこで、私は、卒業に必要な最低限の単位数より二単位プラスで履修したのです。授業一コマ最低二単位でしたから、「卒業に必要な単位数に最小限度のプラスアルファ」。最低限必要な単位数だけを取って卒業するのも合理的な選択。それを同じ成績を取る学生が他にもいると仮定して二単位余分にとったのは、目標達成を確実にするための戦略的な手段でした。そう、勉強は私にとってはひとつの手段、目標を明確にし、最短ルートで確実に効果につなげるべきものでした。

◯確実な結果をもたらす「目的合理的」な姿勢

小学生から大学卒業までの、私の勉強ヒストリーを語ってきました。振り返って思うのは、自分が勉強において常に「目的合理的」に行動してきたということです。

「目的合理的」とは社会学者のマックス・ウェーバーが提唱した概念で、ある目的を目指し、結果を得るためにもっとも適切な手段を取ることを意味します。

これと対置されるのが「価値合理的」。結果はどうであろうと、自分の信じる正義や信条などに準じて行動することです。

こと勉強に関する限り、これまでの私の選択は、いつも「目的合理的」でした。

「少し上」のライバルを意識して実現可能な目標を立てること。司法試験の勉強では、合格に達する最低限の知識を網羅すべく、専門的な書物より予備校のテキストを重視したこと。無駄な誤答チェックを避けるといった工夫も、最小の負担で確実に達成できる「目的合理的」な道筋でした。

「目的合理的」に行動してきたのは、私自身が、勉強を、ひとつの手段として割り切っていたから。「勉強が大好きなのね」という言葉を受け続けてきた私は、実は勉強なんて全然好きではありません。だからこそ、必要最小限の勉強で、目的を達成できることを一生懸命考えるのです。

資格試験に悩んでいらっしゃる方、勉強の成績が伸び悩んでいる方。勉強は自分にとってのひとつの手段であると明確に意識することをおすすめします。

私を含めて、多くの人にとって、勉強はひとつの手段。それは夢でも何でもない。自分の夢ならば「価値合理的」になって、自分の人生を賭しても惜しくない。しかし、勉強にそういうロマンを見いだせないならば……。

最小限の勉強で、確実に目的を達成するための、「戦略的な勉強法」が結論になるはず。この本では、そういう戦略的な勉強法をお伝えすることができればと思っています。

POINT

この本でお伝えするのは、「最小の負担で」「確実に」目的を達成する「戦略的な勉強法」。

第3章

私の勉強ヒストリー②
——摩訶不思議な「社会」という場所で

学生時代とは勝手が違う！新社会人としての戸惑い

○ 社会人は、毎日が小テスト！

2006年に東大を卒業した私は、卒業後の進路として財務省を選びました。「官僚になる」というのは、私の子供のころからの目標。その希望がやっとかなったわけです。ところが、その希望の地、財務省で見たものは——想像もしなかった社会でした。

「勉強」に関してそれなりの結果を出してきたつもりだった私ですが、それまでの成功セオリーの通じない、摩訶不思議な場所に放り込まれたような気持ちでした。

まず、私の戸惑いを一言で表すと、「テストが多すぎる！」ということに尽きます。

学生時代を終えればテストとは縁がなくなる……と思ったら大間違い。社会生活は、学生のころよりも頻度も難度も高いテストの連続でした。

学校でのテスト。それは、予告されていて、そして特に大学にもなると年に何回もありません。それに対して、社会に出たら日常が小テスト。電話の受け答え、上司への報告。そうしたひとつひとつの行動が、採点され、評価につながるのです。電話での突然の質問にその場でとっさに答えられなければ、そこでひとつの減点となります。上司の報告書に添付した資料に誤字があればもうひとつ減点。しかも「今の失敗で何点減点」などと、明確に点数が表示されるわけでもない。人によって感じ方も違うし、新人の私に今のミスがどのくらいの減点かを親切に教えてくださるわけでもない。ということで、日々の小テストでの減点が、果たしてどれくらいのダメージだったかもわかりません。

しかも、学生時代のようにテストのタイミングがあらかじめわかっているわけではない。社会で受ける小テスト、これはいつやってくるかわかりません。今、平穏に机に向かっていたとしても、１分後には上司から「あれ、どうなった？」と聞かれるかもしれない。あるいは、今、無為に机に向かっていることそのものを、上司が減点対象としているかもしれない……。採点基準が明示され、タイミングが予告される学生時代のテストのほうがよほど親切だ、と思いました。

さらに痛感したのが、「インプットとアウトプットの逆転」です。

「勉強」は知識を頭に入れる、いわばインプットの作業です。学生時代は、毎日がこのインプットの時間。そしてアウトプットの機会である定期試験。これは年に何度もありません。そう考えると、インプットしている時間のほうがアウトプットの機会よりもはるかに多かったのです。

社会人になると、その頻度が逆転しました。インプットの時間と同じくらい、いえ、感覚的にはそれよりも多いくらいの頻度でアウトプットすることを求められる。自分ですら、準備が不十分と思っているのだから、採点者である上司の立場からすると、ボロボロであろうアウトプット。それにもかかわらず、毎日毎日、中途半端な成果物を見せなくてはならないことは、これはこれで、ものすごくストレス。苦痛以外の何ものでもありませんでした。

これまでとまるで違う「勉強」が必要になってくる――。

次々とやってくる小テストに神経をすり減らしながら、そう感じました。

○ 苦手なことは、得意なことに近づける

社会人生活は、困惑の中で少しずつ対策を見つけ出すことの繰り返しでした。

その対策のひとつが、「タイミングをこちらでコントロールする」方法です。

タイミングを自分が主体的にコントロールする。たとえば遅れがちな仕事に関して、「あれ、どうなった？」と上司から聞かれてから報告すると、作業が遅延しているというしろめたさが先に立って、報告は言い訳がましくなり、焦れば焦るほど、対応は後手後手に回ります。そういう場合、聞かれる前に、こちらから中間報告してしまいます。現状の報告と、遅れている理由を言ったあとに、アドバイスを求めて解決の糸口を探すこともありました。

また、伝達ツールは電話よりもメールを中心に置くようにしました。アウトプットが苦手な私ですが、そのうち「話す」と「書く」とを比べると書くほうが得意、というよりまだましですから、メールを使ったほうが有利なのです。

これらは、苦手なことを、こちらの土俵に持ってきて少しでもよい状況を作る、という手法です。

それは学生時代、これまでお話しした勉強法を実践しつつ、培ったセオリーでもありました。ジャンルや科目を問わず、「読む」ことに特化した勉強法を、いろいろな科目にあてはめて実践してきた私は、社会においてもできるだけ得意な方法を駆使して、結果を出せるよう工夫したのです。

そうこうしているうちに、こちらもだんだん慣れてきて、いつなんどき訪れるかわからないと思っていた「小テストのタイミングと配点」がわかってきます。そして、取り返しのつかない失敗と、最後に帳尻を合わせればなんとかなる失敗の区別もつくようになるのです。

あれから8年、現在は別の仕事をしている私ですが、「毎日が小テスト」という感覚は同じです。そして今は、「こちらから点を取りに行く」気持ちも持てるようになりました。いわゆる「勝負時」がつかめるようになっているので、的を絞って頑張ることができます。

このように、社会人になってからも、一定のノウハウを作れるようになったのは、社会人になってから勉強したことにも多くを負うところがあります。この章では、社会人生活における経験を通して学んだことについて、語りたいと思います。

POINT

定期試験がない代わりに、社会人は絶え間なく「小テスト」を受けることになる。

財務省の強烈な洗礼

○残業３００時間！　過酷すぎる労働環境

戸惑い通しの新人時代を振り返ると、自分の若さや未熟さもさることながら、それ以上に鮮烈な印象として蘇るのが、「財務省」という組織の強烈さです。そう、財務省という職場は、社会人1年目としては強烈な洗礼、そして新しい学びの場でした。

ひとつ例を出します。「三割打者」という言葉。これって、野球の打率を意味する言葉ですよね。かつての財務省では、この言葉が、別の意味で使われていたそうです。

「三割」というのは「月間残業300時間」という意味。「三割打者」というのは月間300時間以上残業している職員という意味。

「今月、三割切ったんだよ」

「それじゃ、忙しかったあの件も、だいぶ落ち着いたのね」

なんて会話は、かつての財務省では、それほど珍しくなかったといいます。1か月のトータルの勤務時間ではなく、残業時間だけで300時間です。信じられます？　長時間労働が問題になっている昨今ですが、あれほど働く職場を、私は他には知りません。逆にどうすればそこまで時間をかけられるのかというと、仕事がこれまたとっても特殊。

国会の会期中、財務省を含む霞が関の重要な仕事は、国会での質問に対する答弁書の作成、いわゆる「国会答弁」の対応です。国会答弁の場合には、議員会館などに官僚が赴いて、明日の質問内容を聴取するというところから、すべての仕事がスタートします。この議員に質問を聴取しにいくのは、官僚の中でも普通は中堅以上の役職に就くベテランの仕事。国会議員とのやり取りで何らかの粗相があると困るからです。しかしながら、度量があるといおうか無茶振りといおうか、財務省では、国会議員からの質問の聴取は新人の役割でした。

聴取してきた質問について、どの部署が国会答弁を書くかというのが、これまた非常に重要で、かつ、もめるところ。このときに、お互いに利害が対立する部署間の調整も新人の仕事です。「向こうの部署で引き受けてもらえるまで戻って来るな」と厳命されて、自席を飛び出した新人の私。引き受けてもらえるまで、自分の居場所に戻れないのですから、相手の部署になんとか引き受けてもらおうと必死。あの手この手で理屈を付けて、駆け引きしたり、懇願したりして交渉しました。

そうやって、さんざんもめたあとに、担当部署が決まって、ようやく国会答弁が書かれるのですから、その時点で長時間労働はやむなし。

財務省、ここは、これまで学んできたものとは違う勉強が要求される職場でした。

○成果は、ノウハウとスキルのインプット

こういう新しい環境の中で、私は、「交渉術」というそれまでとは違う勉強法により、新たな知識とノウハウをインプットしました。

まず、相手の部署と自分の部署と両方に関係する仕事があるとき、どちらの部署もやっかいな仕事は引き受けたくないという前提で、さてどちらの部署がその仕事を担当するかというのは、まさに交渉ごと。はじめは相手の部署が、よりその仕事に関連性が深いといった理詰めでの説得を試みることになります。しかしながら、そういう場合、相手も同じような理屈を提示してきて、議論が平行線をたどることもしばしば。

そういうときに重要なのは、交渉型のコミュニケーションスキルです。「昨日の国会答

弁は、私達の担当部署で書きましたよね」という貸し借りを持ち出し、「私達の担当部署で2問は引き取るから、そちらの担当部署でも2問を引き取ってほしい」という交換条件を持ち出し……。このコミュニケーションが失敗すれば、仕事の時間はさらに増えて睡眠時間を浸食することは必至。そういうぎりぎりの状態でこそ、交渉も真剣にもなります。

自分はどういう目的を達成したいのか、その上で相手からどういう条件を引き出すことが必要なのか。逆に、相手は何を欲しがっていて、こちら側からどういう条件を提示しうるのか。寝不足の頭で必死に考えたそれらの事象は、やがて交渉のスキルとノウハウになります。さらに、こういうコミュニケーションを繰り返すうちに、交渉技術は、否が応でも上がっていきます。

社会に出てからの実戦においても、繰り返しによってひとつのスキルが身につく。机上の勉強ではなく、反復と継続によって知識とスキルを獲得していく勉強が、社会においても重要であると気づかせてくれた財務省は、大切な学びの場でもありました。

POINT

反復は机上の勉強だけでなく、ノウハウとスキルのインプットにも役立つ。

官僚から弁護士へ――新たな可能性を求めて

○司法修習生として新生活をスタート

財務省を退職して弁護士を志したのは、２００８年のことでした。

弁護士になる前には、「司法修習」という期間を経なくてはなりません。最高裁判所に付属する司法研修所という学びの場で、１年４か月（当時）にわたって、法律家として実際に仕事をはじめるための準備をするのです。ここで、私は、財務省という机の上ではない勉強の世界から、また机の上の「勉強」の世界に戻ったわけです。

しかし、勉強の方法や内容は、学生時代とは随分違いました。

司法研修所においては、講義形式の授業もあって、司法試験の内容をさらに発展させたような勉強ももちろんあります。しかし、司法修習生は法律家として社会に出る直前段階。勉強はより実戦に近くなっていきます。具体的には、アウトプットの方法、つまり、テストがより実戦に近い形になっていました。

司法修習生と一口にいっても、私のように弁護士になる人のほかに、裁判官になる人、そして検察官になる人がいます。まず、はじめの2か月間にわたって、弁護士、裁判官または検察官として働く上での基本を、司法研修所において講義形式で学びます。そのあとの1年間は、少人数にわかれて、札幌や福岡など各地の地方裁判所に赴任し、民事の裁判官、刑事の裁判官、弁護士、検察官というそれぞれの仕事を、3か月ごとに、体験学習するのです。さらに、最後の2か月間は、司法研修所に戻ってきて、学んだことが、「ものになっているか」というテストを受けます。

私が驚いたのはこのテストの形式。裁判官、検察官、弁護士とそれぞれのテストがありますが、これがまさに実戦さながら。

まずは、一人に一冊、裁判などの記録が渡されます。これは実際にあった事件の記録がもとになっていて、裁判の証拠や証人の証言などリアルな証拠が並びます。そこから、たとえば、検察官ならば、どうやって少ない証拠からこの被疑者の犯行であることを説得的に主張するか、弁護士ならば、どうやって検察官の示す証拠は矛盾していて、実際には被告人が真犯人ではないことを主張するか、さらに裁判官ならば、それらの両者の主張にどういう判決を下すかということを、自分が、検察官、弁護士、裁判官になりきって書くのです。

この試験はなんと一日がかり。朝10時台にはじまったら、夕方5時台まで続く。その間に、各自が適宜お昼ごはんを食べたり、コーヒーを飲んで休憩したりしてよいというのも新鮮でした。実際に判決を書く場合には、「1時間で書け」などと言われることは、まずないはず。一日とか、ときにはさらに時間をかけて仕上げるのが実情でしょう。「勉強」、そしてそこでのアウトプットの経験というのも、学校と違って社会により近い司法研修所においては、より実戦に近くなっているということがよくわかり、とても有意義な経験となりました。

○団体種目としてのテストにストレスを感じる

実戦に近い経験は私にとっては新鮮でしたが、ストレスを感じる場面も多々ありました。一日かかるテストというのは、もちろんとっても疲れるものですが、これはこれである意味、「楽」です。一日にわたって、他の人をシャットアウトして、自分の世界に浸ればいいわけです。テストでいい成績を取るのは、自分の勉強の成果であり、逆に悪い成績を取るのは、自分の不勉強ゆえ。いい意味でも悪い意味でも完全に自業自得の世界です。

それに対して、司法修習の中には、実戦に近い授業の一環として「ロールプレイ」がありました。それぞれが、検察官、弁護士と裁判官役に分かれて、ひとつの事件に取り組むのです。この場合には、たとえば検察官なら検察官チームで勉強するという形態が必要になります。それまでテストはすべて個人競技と思っていた私にとって、団体種目としてのテストというのは新しい経験でした。私は、勉強への努力を惜しまないタイプです。だからこそ、能力が高いにもかかわらず、勉強という準備を怠るチームメイトについては、そもそも理解しがたいように思いました。「なんで、期限までに担当パートを仕上げてこないの？」「なんで、前日の夜に飲みに行っちゃうの？」とついつい非難がましい思いを抱いてしまいます。

しかし、非難するのは逆効果。そうすることで、「ごめんなさい」という謝罪の言葉は引き出せても、全く解決策にはなりません。あとに残るのは気まずい人間関係だけ。私自身が、ついついきつい言葉を投げかけてしまう自分に対する嫌悪感でいっぱいになってしまいます。

○「チームワークの壁」を越えるために

では、どうすればチームワークは円滑に進むのか――。

現在の私は、このテーマに二つの方法で対処しようと試みています。

ひとつは、一人で行う仕事の範囲を増やすこと。担当範囲をきちんと決めて、それぞれの責任限界を明確にする。そして、一緒に仕事をする相手の様子を見て、負担が重すぎるようであれば、「私のほうで引き取るよ」といって自分でやっちゃう。そのほうが、イライラと待っているよりもよっぽど精神衛生上プラスの効果があります。

もうひとつは、「プラスのフィードバック」をすることです。

報告して足りないところを指摘される、自分の意見を言って間違ったところを指摘されるというように、仕事の上では、全般に、「悪かった点」を指摘するネガティブなフィードバックが多くなりがちです。私自身も、一生懸命やったにもかかわらず、「ここがダメ」という一言で終わらされてガッカリしたものです。

ですが、私自身が後輩が書いたものを読んだりするようになると、ネガティブな点に気づくのと同じくらい、ポジティブな点に気づく機会も多いと思いました。「丁寧に読んでくれてるんだな」とか、「この点は見落としていたな。指摘してくれて、ありがたい」とか、「他の仕事も忙しかっただろうに、夜、遅くまで働いてこの仕事も終わらせてくれたんだな」とか。

こういうプラスのフィードバックは、みんな気づいている反面、あえて明確に伝えていない人も多いのではないかと思います。

同期であれ、後輩であれ、ときには上司であれ、私は、いいなと感じたことのほうをむしろ漏らさずにお伝えするようにしています。

努力することが私達の仕事なら、その努力を決して見逃さないことが、私達の上司の仕事だと思うのです。私自身、自分がよく努力したことを見逃さずに褒めてくれる人のためには、一生懸命、努力をしようと思います。自分が勉強して、そしてそれを評価されると嬉しいからこそ、人にも同じことを伝えるのが大事なのではないかと思うのです。

POINT

チームで成果を出すなら、ポジティブなコミュニケーションが不可欠。

私の弱点克服法・その①

○正確性に難あり!?　文章の欠点を指摘されて……

弁護士として働きはじめてからも、壁にぶつかることは多々ありました。

まず痛感したのが、文章を書くことの難しさです。

弁護士の書く文章は、正確であることが何よりも大事です。

文学のように行間で何かを感じさせたり、様々な解釈やイマジネーションを喚起したり、余韻を残したり、といったことは一切許されません。誰が読んでも誤解が生じないように、そのためにはひとつの文章が二義的に捉えられることがないように、事実を正確に伝えることが常に求められるのです。

その点で、私の文章は「甘い」と、よく言われました。

主語と述語の関係が不明確、自分の考えなのか第三者の見解なのか不明確――そんな指摘を受けるのは毎回のことでした。

加えて、私の文章には「タイポ」（＝誤字脱字）が多いという欠点もありました。文章に正確さを欠いていることに比べればダメージは少ないものの、不用意かつ不注意に書いた文章という印象を与え、記載内容自体の信頼性を損ないます。神は細部に「も」宿るというのが私達弁護士の考え方。それに対して、私は、もともと注意深いほうではないので、タイプミスはしばしばでした。

自分のメールを読み返して、タイプミスを見つける度に、気分が落ち込みました。そして、CCに入っている上司——些細なミスも見逃さない完ぺき主義の彼——が、このメールを見ながら浮かべるであろう冷たい苦笑いを想像し、薄ら寒い気持ちになりました。

こうした経験をすることいくたび、ついに、これはなんとかしないといけない、と思うに至りました。

まず実践したのは、文章を書いたあとはすぐに送らずに「3回読む」こと。パソコンの画面で3回読めば、誤字脱字はほぼすべて見つかります。書くときは自分の考えだけで書いていますが、読むときにはある程度客観的になるもので、第三者的な見方もできるようになります。そうすると、自分の文章の飛躍や省略にも気づくというものです。

さらに、文章を送る前に、パソコンの画面上ではなく、プリントアウトして、読むようにしました。

紙にして読むというと、地球環境には悪く、「エコ派」を称する私の母などには怒られそうですが、それでもやはり、紙に打ち出されたものをチェックするほうが確実性は増すものです。これにより、タイプミスはかなり防ぐことができるようになりました。

○「スキル不足」は伸びしろがある証拠

次に実行したのが、上司や先輩のチェックをお手本にすることです。

このときも、プリントアウトしたものに手書きで赤字を入れてもらう、という方法が役立ちました。

デジタルの文書を画面上で校正してもらうと、どんなに修正されていても、修正をそのまま反映するだけで終わってしまいます。

対して、手書きの校正ならば、それを自分で打ち直しながら「なぜここが修正されたのだろう」と考えることができます。さらに手書きを打ち直すのはなかなか大変。だからこそ、「次は、あまり修正されないようにしよう」という強いインセンティブにもつながります。

上司が入れた赤字と向き合いながら、こうして少しずつ、文章のスキルアップを図っていきました。

「赤字」は、毎回容赦なく入りました。

初めて英文メールを書いたときは、「Best Regards,」という定型の挨拶文を残して、すべて直されてしまいました。ちなみに、その「すべて」の中には、私自身の名前も含まれます。あろうことか私は、自分の名前までタイプミスしていたのです。

そんな最低最悪のミスを繰り返しながらも、決してめげないのが私のいいところ。いいえ、実は、そのときは、あまりのミスの多さにかなり落ち込み、なんとか自分を奮い立たせるしかありませんでした。

そこで、考えたのが次の言葉。

「これだけ直されるってことは、それだけ伸びしろがあるってこと」

そう思えるようになってからは、色々なことが楽になりました。

「できないことがいけないのではなく、できないままでいることがいけない」のです。

はじめのミスはひとつの勉強、そこから多くを学んだものが勝ちだと思いました。

それから、私が心がけたことは二つ。

何度直されても、どれだけ真っ赤に激しく直されても、文章を書いて書いて書き続けること。

そして、修正点の意味がわからないときには、わからないままにしないで、上司や先輩に質問してしまうこと。

これは一般的に考えると、やや勇気のいることかもしれません。上司や先輩のタイプによっては、「生意気」と取られることもありそうです。

しかし、向上心のある部下や後輩というのは上司や先輩にとってもかわいいもの。そして、だからこそ、教え甲斐《がい》もあるものだと思います。私の場合、こういう質問がネガティブに評価された経験はなく、上司や先輩はほとんどみんな、とても丁寧に付き合ってくださいましたし、むしろ、「やる気がある」という好評価につながった気がします。

POINT

弱点を克服するときは、「めげない」「挑戦を続ける」姿勢を持とう。

私の弱点克服法・その②

○「正解のない世界」への戸惑い

ここまで何度か、「インプット」と「アウトプット」というキーワードが登場しました。いわゆる「デキる人」は、この二種類のどちらが長《た》けているかで大別できるのではないかと、私は考えています。

アウトプット型の人は、「話す」「書く」ことが得意です。会議で際立った意見を述べたり、当意即妙《とういそくみょう》な返答を返したり、簡潔でわかりやすい資料を短時間で作り上げたり。プレゼンなどで活躍するのもこのタイプでしょう。

対してインプット型の人は「聞く」「読む」ことに向いていて、情報の内容を、全体像から細部に至るまでじっくり頭に入れ、記憶しておけるタイプ。

「勉強」においてはインプット型の能力が求められます。私は明らかにインプット型なので、学生時代はその特性を活用してきました。しかし社会に出ると、アウトプット型のほうが断然目立ちます。この点では、私は不利だったといえます。

どちらかといえば口下手ですし、「私の弱点克服法・その①」（１１５ページ）で述べたように「書く」ことにおいても苦労することが多々ありました。

弱みを感じたことは、さらにもうひとつあります。いわゆる、「結論の方向性」について、他人とずれてしまうことがしばしばあったのです。

他の分野でもそうなのかもしれませんが、法律家の世界では、「結論の妥当性」が重要です。ある事件について、その解決の方向性、つまり、「落としどころ」がわかっていること、さらに、その「落としどころ」の感覚が、他の関係者と一致していることが、法律家に求められる重要な資質だそうです。いくら途中の議論が優れていても、結論がおかしければ誰も納得できません。私はこの結論の方向性を決めるのが上手くないという指摘をよく受け、自分でもそう思いました。

その理由はおそらく、私が「正解のない世界」に慣れていなかったからです。

ペーパーテストなら、採点者の求める答えはほぼひとつに定まります。何通りかの解法があることはありますが、問題を作った時点で答えも用意されているのです。答えのない問題なんてあり得ません。

だからこそ、授業に耳を傾け、教科書を読むというインプット作業を重ねれば、正解に到達する道は自然に見えてきます。

反対に、世の中で起こる出来事の「正解」は一様ではありません。「結論の方向性において、他の人とずれないこと」という曖昧な基準をいわれても、「勉強エリート」の私にとっては、それを理解することはとても困難に感じられました。

○ 自分の強みは「超速インプット」!

こうした弱点に悩んだ私でしたが、しかし、そこでもやはり、自分が今までの勉強で培ったノウハウが最終的には役に立ちました。

私が勉強で培ったノウハウ、それはできるだけ網羅的に目を通して、それを反復・継続すること。そして、網羅性を確保するためには、たくさんの情報をインプットできること、インプットの速さが武器になります。

社会に出たって仕組みは基本的には同じ。「この事件ではこういう落としどころにした」「この事件ではこういう提案が当事者に受け容れられず、最終的にはこういう結論になった」というのを、なるべく多く網羅的に見ていくことが大切なのです。

そのとき重要なのがインプットの速さ。なるべく多くの事件とその結論を見ていくとなると、ひとつひとつの事件にかけられる時間は限られます。だからこそ、勉強の中で培ったインプットのノウハウが活きてくるのです。

私の場合には、インプットの速さには自信があったので、少々無理してでも色々な仕事や事件に同時並行で参加させてもらい、上司や先輩が「落としどころ」を描いていく様を間近で見せてもらいました。

こうして、インプット能力という自分の強みに目を向け、その強みを積極的に活かすようにして、自分のアウトプット能力を補うようにしています。

「アウトプット型のほうが社会では目立つ」と言いましたが、だからといって、この社会はインプット型の人間に不利にできているわけではありません。

アウトプットにセンスがある人、それはそれでとても素晴らしいものですが、そういう人は、往々にして、どうしてそういう結論になるのかを、分析したり意識したりはしていないもの。インプット型の人間は、そういうセンスに恵まれないからこそ、勉強によってそれを体得します。そしてその場合には、結論に至る根拠を明確に説明して、周囲を納得させることができます。
そう考えると、勉強は決して「机上の行為」にはとどまらないと思います。「資格試験に受かる」などの目標を達成することも嬉しいことですが、実は勉強の過程で、自分の特性や長所が磨かれることも大きなメリットです。それは日々の仕事や、ときに「生き方」にまで確かな指針を与えてくれる、貴重な財産となるでしょう。

POINT

適性のないことを気に病むより、適性のあることを伸ばすほうが吉。

第４章

誰でもできる！「７回読み」勉強法とは？

「読む」には三つの方法がある

○調べ物をするなら、「リサーチ読み」が一番

ここからは、「読む勉強法」について、より深く掘り下げていきましょう。

効果的な勉強法としての「7回読み」についてはこれまでも何度か触れてきましたが、私が日ごろ行っている読書の方法は、実は三つあります。

ひとつ目は、「平読み」。いわゆる普通の読み方です。流し読みでも精読でもなく、普通のスピードで文字を追う方法です。小説や雑誌、新聞記事などを読むときはこの方法をとります。

二つ目は「リサーチ読み」。調べものをするときに役立つ読み方です。

学生の方が課題のレポートを書くときや、ビジネスマンが情報収集を行うときにはこの方法がおすすめです。

「リサーチ読み」は、たくさんの本に目を通すのが特徴です。

ここで強い味方となるのが図書館。まずは検索機に調べたいテーマやキーワードを打ち込み、関連のありそうな本がどこにあるか確認します。その棚に行けば、検索結果に出た書籍以外にも役立ちそうな本が目に付くので、それらも含めてすべて棚から出し、それぞれに目を通します。

きちんと読んでいると時間がかかるので、サラサラと目を通すのがコツ。目次を見てどこに何が書かれているかをチェックし、流し読みしながら関連性の高い部分を探します。このときの読み方のコツは、文章を読むのではなく、文章の中にあるキーワードを見つけることだけを意識して読むこと。関係がありそうな文献はあとから「平読み」するのですから、この「リサーチ読み」は、文章の意味がとれなくても全く気にする必要はありません。

それが終わったら、役立ちそうな本以外は元に戻します。一冊の中の数ページだけが役立つ、という場合は該当箇所をコピーして、棚に戻します。

あとは、このコピーと残りの本の関連部分を熟読します。これでかなりの量をカバーしつつ、質的にも充実した情報を得られるでしょう。

なお、「リサーチ読み」のサポートとして役立つのがインターネットです。調べる事項に関して予備知識がないときは、まず「ウィキペディア」などで簡単にアウトラインをつかんでおくと、「どんな本に有用な情報が載っているか」という見当がつけやすくなります。

○「7回読み」誕生秘話!? 総長賞の選考で……

そして三つ目が、「7回読み」。試験勉強はもちろん、知識を身につけたいとき全般に役立つ方法です。

「7回読み」という言葉をはじめて口にしたのは、東大を卒業する際のことでした。成績優秀者として「東京大学総長賞」をいただいたのですが、その選考時に「どんな勉強をすれば、ここまで『優』を多く取れるのか」と聞かれ、「7回読めばだいたい覚えるもので……」と答えたのが、そもそものきっかけです。

実はそれまで、自分の勉強法を客観的に考えたことはありませんでした。「7回読み」の勉強法しかしたことがなかった私にとって、この勉強法はまさに王道。ごくごく普通の勉強法。

「それ以外に勉強法なんてあるの？」

むしろそういう気持ちだったわけです。

しかし、選考委員の方々からは、意外にも少し驚いた反応。そのときに、はじめて、この方法はちょっと特殊なのかもしれないと意識しました。

それ以降は、「７回読み」という自分の方法を明確に意識するようになりました。そして、飛び抜けて要領がいいわけでも、頭の回転が速いわけでもない私が、東大で首席を取ることができたのは、この方法に助けられたのではないかと思うに至ったのです。

この方法の特徴は三つあります。

①「読むこと」の負荷が小さいこと。

7回読みは、1回1回が流し読みです。しっかり読んで理解しなくては、と思いながら本に向かう集中力とは無縁です。

②情報をインプットするスピードが速いこと。

同じ文章を、「読む・書く・話す・聞く」で速度を比べたら、言うまでもなく、もっとも速いのは「読む」でしょう。まとめノートを書いたり、講義を聞いたりするよりも短時間で大量の情報をインプットできます。

③いつでも、どこでもできること。

本が一冊あれば、時と場所を選ばずに勉強できます。多忙なビジネスマンが通勤時間やスキマ時間に行えるので、時間が無駄になりません。短期集中型の勉強にも適しているといえます。

なお、「7回」という数にこだわる必要はありません。7回でわからない難しい内容は、さらに何回か読み足すのが、私の方法です。

POINT

調べ物なら「リサーチ読み」、知識を深めるには「7回読み」を活用しよう。

サラサラ読んで数を打つ！必勝の読書法「7回読み」

○「認知」から「理解」への道筋を作るには

様々な分野の知識や情報に触れるとき、いつも感じることがあります。

それは「知らないことは、理解できない」ということ。

こう言うと、不思議に思われるでしょうか。

「知らないことを知るのが、理解するってことでしょう？」「知らないことを理解できなければ、どんなに勉強しても知識なんて得られないってこと？」と。

では、次の文を読んでみてください。

「太郎が花子に花を贈った」

簡単に理解できる内容ですよね。太郎という男の子が、花子という女の子にお花を贈っている場面が目に浮かびますよね。

でも、もし「太郎」がこの手の文に使われる典型的な男の子の名前で、「花子」が女の子の名前だという前提知識がなければどうでしょう。さらに言えば、女性は花を好むというやや古典的ではあるものの、共通化された前提知識がなければ？

ある文章を理解するときには、必ずそれについて何らかの予備知識を前提にしているのです。たとえ、明確に意識していなくとも。

ということは、こうも言えます。

「理解する前には、まず『認知』というプロセスが必要である」

「認知」と「理解」とは、似て非なるものです。

たとえばある文章を見て、「こんな言葉が書いてある」と視覚的に感じ取るのが「認知」。それに対して、イメージを汲み取り、意味を読み取り、メッセージを把握するのが「理解」です。

これは、知らない人同士がはじめて会うときの状態とも似ています。

初対面の人と挨拶を交わして、いきなりその人を理解するのは至難の業です。

「理解しよう」と思って本を読みはじめる人は、いきなり初対面の相手と親友同士になろうとしているようなものです。当然、「難しい」と感じて、投げ出してしまいたくなるでしょう。

大抵の人間同士は、いきなり親友にはなれません。最初は単なる「知り合い」です。「認知」は、この「知り合い」の状態を作ることを意味します。少しずつ頭に情報をすり込んで、書かれていることと「知り合い」になっていくのです。

それを何度も繰り返すと、文章との間に親密さが出てきます。難しい言葉もすでに１回目で目にしているので、「ああ、さっきのあれだな」と思えます。回数を重ねるごとにその頻度が増えて、知り合いはだんだん慣れ親しんだ「友人」、そして信頼に足る「親友」へと近づいていきます。

７回読みは、そのための作業です。まず「認知」し、それを「理解」へとつなげていく道筋を作ることが大切なのです。

○「30分の流し読み」を７回繰り返そう

「７回読み」の１回あたりの速度は、非常に速いものです。

私の場合、３００ページ程度の本を、１回30分程度で読んでしまいます。これは決して速読ではありません。特別な技能をもってして、速く読んでいるわけでもありません。正直、単なる流し読みです。だからこそ、この程度の時間で済んでしまうのです。

7回読みの各回の間は、それほど時間を置かずに読むのがおすすめ。記憶が薄れないうちに次の回を読めば、定着も早まります。私も学生時代の試験勉強では、できるだけ時間を空けないで読むようにしていました。「一日以内」に読めれば理想的です。

社会人になるとまとまった時間は取りにくいもの。でも、「サラサラ読み」の場合には、各回30分から1時間ですから、まとまった時間を取りにくい忙しい人でも、一冊を途中で切らずに読み切ることができます。まとまった時間を取れない中で、ゆっくり1回読む場合には、途中まで読んでやめて、また本を読み直してということをしなければならず、前の記憶を呼び覚ますために、すでに読んだページに戻ったりして時間を使ってしまいます。しかし、「7回読み」の場合には、1回ずつにかける時間が少ないので、そういった心配がありません。

各回30分から1時間、一日1回のペースで7回読むことができれば、ちょうど1週間で読み終わることになります。

「300ページの本を1週間で読み終わる」とすると、トータルの所要時間は「平読み」で1回読む普通の方法とほぼ同じか、もしかしたらやや短いくらいでしょう。それでいて、「7回読み」は何度も通読しているので、平読み1回よりも記憶への定着度が断然強いのです。

また、読むときは「気負わない」ことも大切です。

短い時間で読むなら、神経を集中して読むべきではないのか、と思われるかもしれませんが、実際はその反対です。

集中しなくてはいけないと思うと、それがかえって雑念になります。「本を開いてページをめくっているなら、読んでいるということだ」と思って、気楽に読み流しましょう。

特に1回目に読むときは、文章を追っていくのが疲れるということもあります。わからないところは、次に読めばいいのだから、意味が取れなくても気にすることはありません。

そのときは、見出しだけを目で追う「助走の1回」を加えるとよいでしょう。

POINT

書かれていることを「理解」する前に、まず「知り合い」になっていく。

「7回読み」には、アレンジが必要な分野もある

○要アレンジ科目①――現代文・英語

「7回読み」勉強法は、文字で書かれた本や資料のあるものなら、基本的にどんな分野の勉強にも役立ちます。ただしいくつか、例外もあります。

第2章でも触れたとおり、高校で習う「現代文」は教科書を読むだけではなく、授業中の先生の解説を書き取ったノートを作って読んだほうが確実です。

英語の場合は、受験英語か、語学習得のための勉強かによってやり方が変わります。「英会話を上達させたい」「ビジネスでも使えるレベルで英語を話せるようになりたい」という場合は、繰り返し同じものを読んでもあまり効果はありません。逆に、少しでもたくさんの英文を読むことが必要。TOEFL®やTOEIC®の受験対策も、一冊の問題集だけに頼らず多くの問題集に取り組むほうが、この場合には、逆にいいのです。同じ問

題集を何度も解くと、「このページの1番はAが正解」といった覚え方になってしまい、英語そのものの勉強にならないので要注意。月刊の英会話雑誌など、更新されていく教材を継続して利用するのが賢い方法です。

一方、受験英語は、幸か不幸か、英語を自由自在に読みこなせることまでは、求められていません。「7回読み」に少しアレンジを加える程度で実はよいのです。

まず、英単語については、100語から150語の短い英語の文章を読みながら、単語を拾い書きしていくという「7回書き」が効果的。

次に、文法に関しては、「読む」より「解く」ほうが頭に定着するというのが、私が経験上得た持論です。したがって文法の問題集の「7回解き」がおすすめです。

第2章でも触れましたが、答え合わせをするときは、間違いを気にしないことが鉄則です。5回解くまでは「この問題は×」というネガティブチェックは全くする必要がありません。間違った問題だけは、解説文を読むようにしておく、これだけで十分でしょう。自分がどうして間違ったか考える、そういう教えを受けてきた方も、多いと思います。しかし自分の間違った答えについて「よく考える」ことで、正解よりもむしろ間違った答えを記憶に強く定着させてしまったりするのです。

「7回解き」が5順目に入ったときから、間違った問題のネガティブチェックをはじめましょう。この段階で間違っている問題こそは、何らかの理由があって間違っている問題。そこに絞って手間をかけるのが、無駄のない方法なのです。

○要アレンジ科目②――数学

数学も、「7回読み」をそのまま使うのではなく、それをアレンジした「7回解き」が功を奏する科目です。いちいちどこで間違えたかを考えず、正しい解法だけを読んで次の問題に移るべしという点も、英語の勉強と共通しています。

なお数学の場合は、一問一問の問題のボリュームに合わせて答え合わせの頻度を変えるのが、効率的に問題集を解くコツ。

中学校や高校の定期試験に出てくる簡単な計算や因数分解などなら、まとめて何問か解いて、まとめて答え合わせをします。この手の短い問題について一問ごとに答え合わせをするのは、時間効率が悪い。

それに対し、大学受験用の問題はひとつひとつが長いのが特徴。一問解くごとに答えを見て、次の一問に移る、という順番がおすすめです。

「同じ問題を7回解く」という方法を通すと、二つのスキルが得られます。いうなれば、「お手本」と「マニュアル」の両方を手に入れられるのです。

「お手本とマニュアルって同じものじゃないの？」と思われるでしょうか。

私は、この二つはそれぞれ違うものだと考えています。

たとえば、職場で、先輩が新人社員に電話応対の方法を教えるときに、目の前でやって見せてくれるのが「お手本」。それを見た新人は、このとおりに真似ればよいのだ、という基本を理解します。

それに対して、マニュアルは、「こういう苦情が出たらこう対応せよ」という場合分けと対応策を記した教本。これを読むと、様々なパターンに対する対応力がつきます。

勉強には、この両方のスキルが必要なのです。

お手本しか知らなければ、それ以外のパターンが来たときに対応できません。

逆に、マニュアルしか知らなければ、本来的な意味では、お客様の要望に応えられません。声の調子や言葉のニュアンスまでは指示してくれないマニュアル。これだけではルールに則ってはいる、されど無味乾燥な受け答えに終始してしまうことになります。

数学も同じです。

数学でいうところのお手本とは、「基本の解法」です。解説どおりの式を書き写し、それを何クールも繰り返すうちに、解き方の基本がわかります。

そして、別の問題でも同じことを繰り返していくと、パターンが広がります。つまり、お手本とマニュアルの両方が身につくのです。

POINT

「7回解き」をすると、基本の解き方と、その応用パターンの両方が身につく。

どんなテキストを選べばよいか？

○もっとも大切なポイントは「網羅性」

「7回読み」に必要なのは、一冊の基本書です。たった一冊を何回も読む、同一の記述に繰り返し目を通す。この反復こそが「7回読み」の強みです。

では、その「一冊」はどのようなものがよいのでしょうか。

学校の定期試験なら、指定された範囲の教科書を読めばよいのですからことは簡単です。しかし大学受験や、司法試験などの資格試験のための本は、自分で吟味して選ばなくてはなりません。

一冊しか読まないわけですから、細心の注意が必要。なぜなら、その一冊が情報として不十分なものだと、頭に入れる知識にも「抜け」が出てしまいます。

そこで大事なのは、「網羅性」というキーワードです。

学ぶべき内容を余すところなくカバーできている本（というよりそう信じることができる本）を選ぶこと、これが鉄則です。

そうした本を確実に手に入れるには、コツがあります。

まず、たくさんの本を比較検討すること。

そこでおすすめなのは、できるだけ大規模な書店に行くことです。大学受験用・資格試験用の参考書や問題集が充実している書店ならば最も理想的です。

書店の棚と向き合って、時間をかけて気が済むまで比較した上で、もっとも網羅性が高く、かつ詳細なものを選びましょう。

この場合に、「ネット注文」はNGです。長く読む本は、自分との相性も大切。だからこそ、手にとってパラパラとめくり、中身を見て、雰囲気をつかむことも本選びの大切な要素だからです。

自分との相性という観点からは、レイアウトやデザインも含めて、「自分に合うか」を考えたいところ。たとえば移動時間に勉強することが多い人なら、持ち運びしやすいものを選ぶこと。一冊の分厚い本ではなく、上下巻の分冊になっているものを選ぶ、といった工夫も必要です。

予備校のテキストが何種類かあったりして、結局は、どれを読んでも最終的にはだいたい似たような知識が手に入るということはよくあります。そうであっても、この選ぶプロセスに手抜きは厳禁。塾に通わずに自己流の方法で勉強をするのは、ただでさえ不安なもの。成績が伸び悩む時期に、「あのテキストがいい」なんて噂を聞いたら、ついつい、せっかく5回まで読んだテキストを捨てて、新たなテキストを読みはじめてしまうなんてことも起こりがち。この目移りは、勉強において何よりもやってはいけないこと。いったん決めた基本書は、乗り換えせずに、ずっと使い続けるのが最重要ポイントのひとつです。

そのためには、先ほどのとおり、この本が一番と信じられることが必要。

成績が伸び悩み、自分の基本書に不安を抱きはじめたときにこそ、選定プロセスに時間をかけたという自負が、初めの基本書へ操《みさお》を立てることを可能にしてくれます。できる限りのプロセスを尽くして選んだ基本書だからこそ、自分にとっては一番の正解、そう信じる気持ちが生まれるからです。

○「図」が多い本には要注意

個人的な好みの話になりますが、私はカラフルな紙面の本とは相性が悪いようです。多色刷りの本はぱっと見は華やかです。ただし、私の勉強法は何度も読むことを前提にしていいます。何度も見ていると、「色」という余分な情報がうるさく感じられ、読んでいて疲れてしまいます。

こうした余分な要素のある本は、私個人の趣味の問題のみならず、少々「要注意本」と言っていいかもしれません。

文字がやたらと大きかったり、挿絵をふんだんに入れていたりする「親しみやすい」教本は、とっつきやすさを前面に出そうとしています。しかし、大きな文字や挿絵は紙面に入る情報量を犠牲にするもの。その分、あるべき情報の網羅性に欠ける可能性がありまず。

チャートや図をふんだんに入れた本もよく見かけます。一見頭に入りやすく感じますが、これも「要注意本」。

「ファインマン効果」という言葉をご存じでしょうか。

リチャード・P・ファインマンは20世紀の代表的な物理学者です。コーネル大学とカリフォルニア工科大学で教授を務めた彼の講義は、巧みな話術と親しみやすい表現で学生たちにも大人気だったそうです。

ところが、いざテストをしてみると、学生はほとんど彼の話を理解していなかったのだとか。そこで、「わかったような気になっているものの、実はわかっていない」ことを、ファインマン効果と呼ぶようになったのです。

図を多用した本にも、同じ現象が起こりがちです。インパクトが強く、印象も鮮やかに残るため、理解できたような気になってしまいがち。しかし、いざ、テストとなって自分の言葉で説明しようとしてみると……。「実は、よくわかっていなかった」ということが往々にして起こるのです。

確実を期すなら、図や絵ではなく、文章の量が多いものにしておいたほうがよいでしょう。詳細で緻密な情報を得ること、そして、飛躍なく論理を追うためには、やはり文章が一番です。一見しただけではすぐに頭に入ってこない「地味」な伝達ツールではありますが……だからこそ、「サラサラと7回読む」という方法が役立つのです。

POINT

見た目のわかりやすさにとらわれず、漏れなく詳細な情報を得られる本を選ぼう。

「7回読み」なら、「ヤマ張り」なしでもだいじょうぶ

○「ヤマ張り」は悲劇のもと

私は、試験の前に「ヤマ張り」をすることはありません。外れたときの痛手があまりに大きいからです。「ヤマ張り」をする場合、ここはまず出ないだろうと思って全く手をつけていない分野もあるもの。しかし、私の経験上、そういう「逆ヤマ」からあえて出題されることが、まれにですが、しかし、必ずあります。

そして「ヤマ張り」をして、そういう「逆ヤマ」に当たった場合、対応策を全く用意していなかったという精神的なショックが先行して、考える気力すら失われてしまうことが、ままあります。

重要な試験を控えた人達の間では、えてして「ここは出るから見ておけ」「ここはまず出ないからやらなくていい」といった情報が飛び交うものですが、こうした「賭け」は危

険だ、と私は思います。

司法試験でも、賭けに走った人の失敗談を、時折耳にします。

旧司法試験の口述式試験では落ちる人はめったにいなかった、と前に述べました。口述式試験の場合には、だいたい学説の対立がある「メジャーな分野」から出題される傾向にあるというのが当時の定説。「マイナーな分野」の代名詞である、民法の「相続法」というジャンルからは、まず、出題されないといわれてきました。

ところが、ある年、この絶対に出ないといわれていた相続法の分野から出題されたとのこと。新司法試験がはじまった当初も、あり得ない分野からの出題が続いて、受験生が絶句したと聞きました。

先ほどお話ししたように、誰も予想しないマイナー分野、言わば「逆ヤマ」からの出題というのは、しかし、「本番」だからこそ、あり得ることなのです。塾で用意される模試を何度受けても、こういう「逆ヤマ」からは出題されません。しかし、塾の講義を聞いた上での準備ではなく、「本物の学力」を見たいという理由で、模試では見たことがない問題を出す出題者が、必ず一定数は存在するのです。

「７回読み」を行うと、すべての範囲に何度も接触することになるので、本番だからこそ起こる「逆ヤマ」現象に対して、手も足も出ないという悲劇に遭遇しなくて済みます。

成績上位三分の一に入ることを目指すということを第2章に書きました。その場合には、成功したり失敗したりして波があるよりも、大きな失敗をしないことが重要。ヤマを当てることよりも、むしろ、こういう「逆ヤマ」にはまらないことがとても重要なのです。

○重要ポイントは、必ず長めに書いてある

一方、ヤマ張りというほどでなくとも、「重要ポイントとそれ以外」を意識して勉強すべきだ、という方もいらっしゃいます。

というより、ほとんどすべての方がそうでしょう。

その中でよく言われるのは、「要点を『上手に』押さえよう」という考え方です。ここは重要、というポイントを敏感に察知して狙いを定めるのが賢い方法だ、ということです。それは裏を返すと、「要点を押さえるのが下手だと、力の入れどころ・抜きどころがわからなくて要領の悪い勉強になってしまう」という考え方につながります。

しかし、そんなことは気にしなくていい、というのが私の考えです。

私は本を読むとき、重要ポイントを意識することは、ほとんどありません。なぜなら、本の流れに従って読めば、自然と重要ポイントを押さえたメリハリの効いた勉強ができるはずだからです。そして、最初に要点がつかめなくても、繰り返し読めば要点は必ずわかります。

どんな本であっても、そこには「著者の意図」が反映されます。「この点はしっかり伝えたい！」と思いながら著者が文章を書くときは、やはり力が入るものです。

その思いは結果として、文章の「長さ」に反映されます。

「しっかり伝えたい」と思っている事項を、ひと言でサラリと済ます著者はまずいません。きっと、詳しく丁寧に説明しようと思うでしょう。

したがって、重要なポイントは、長く書かれることになるのです。

ちなみに本に限らず、口頭の授業でも同じことが起こります。前に述べたとおり、学生時代に授業の録音テープを聞き直していて気づいたのは、「どの先生も、重要なことについては長い時間をかけて話される」ということでした。

○ 要点をつかもうとしなくていい

さて、ここで私は、「長く書かれていることは重要だから、力を入れて読もう」と言いたいのではありません。力を入れなくとも、なんの支障もないからです。

長く書いてある箇所は、当然長く読むことになります。その情報に接する時間は自動的に長くなり、その分、しっかり脳にすり込まれます。ですから、こちら側の裁量で「気合を入れて読もう」「ここは飛ばそう」などと濃淡をつける必要はありません。

たいていの人は、「重要ポイントとそれ以外」を、読みはじめの段階で区別しようとしがちです。しかし、これがそもそもの誤り。先ほどお話ししたように、前提知識のない段階での理解は難しいもの。「重要ポイント」として自分で下線を引いた箇所が必ずしも正しくなく、それに釣られて勉強をしてしまって、メリハリの付け方を間違ってしまうこともあるのです。

本の内容をもっとも理解しているのは著者。だからこそ、著者の理解に従って、そのまま素直に読み進めていくほうが、自己流の「重要ポイント」をマークするよりも正しいことが多い。これは当然の帰結といえます。

自分の裁量を入れはじめるのは、読む回数が重なって、理解が深まってきたころから。自分がどれくらい内容を把握しているかを振り返り、「ここが今ひとつ不安」というところは、特に丁寧にゆっくりと読むようにして微調整します。

つまり、それまでは至ってフラットに、本の内容に目を通し続けるだけでよいのです。その本が伝える「重要」「まあ重要」「参考程度に」などの情報の濃淡は、何回ものフラットな流し読みをしていけば、自動的に同じ濃淡で頭に刷り込まれていくからです。

「7回読み」は、本をそのまま脳内に印刷していくのに近い作業です。

薄いインクの印刷を7回繰り返し、だんだん鮮明にしていく。

だいたい仕上がったらその印刷を見て微調整する。

そんなイメージで、「7回読み」に臨んでいただけたらと思います。

POINT

「要点をつかもう」と思う必要はナシ。7回読む間に、要点は必ず浮かび上がる。

「7回読み」はこうして進めよう

○最初の3回は、「輪郭線」作りの作業

「7回読み」をするとき、私はいつも「頭の中に真っ白なノートがある」というイメージを持っています。そのノートに、目の前の本をまるごと一冊写し取る。これが目標です。

7回読みの基本は「理解しようとせず、とにかくサラサラと速く読む」ことですが、各回ごとに、「何を把握していくか」には違いがあります。

そしてそのプロセスは次のとおりです。

【1回目】 ここでは、「見出し」を頭のノート上に写し取る感覚で読みましょう。文章にも目を通しますが、主には章のタイトル、項目ごとの大見出し、中見出しなどを意識し、見出しどうしの関係を把握しましょう。こうして、全体像を大まかに感じ取ります。

【2回目】 1回目を読んで「見出し」が頭に入った段階で、全体を流し読みします。項

目だけではなく、より細かいレベルで読んでいきます。
このクールを終えると、「こんな話が、こういう順番で書いてある」ということが把握できます。全体のアウトラインや構造がだいたい頭に入るのです。「前半は総論と背景、中盤は現状、最終部分でこれからの展望を語っている」といったイメージがつかめてくるでしょう。

【3回目】　この段階も2回目と、基本的に同じです。つまり、全体を軽く流し読みしている段階です。２回目にはアウトラインがわかるようになりますが、これはまだうっすらとしたもの。そのアウトラインをより詳細、かつ、明確なものにしていくのが、この３回目読みの作業です。
この1回目から3回目は、これから読むための土台作り。ここではっきりとした意味が取れなかったとしても、それを気にする必要はほとんどありません。

○　４回目以降で、絵ができあがってくる

【４回目】　ここからは、文章の中のキーワードを意識して読みます。よく出てくる単語、詳しく説明される用語を目に留めておきましょう。ただし、それを「理解しよう」

「覚えよう」とはしないこと。「頻出語」「詳しく書いてある」と感じ取るだけで十分です。

【5回目】 作業内容は4回目と同じです。4回目との違いは、キーワードとキーワードの間の説明文を意識すること。つまり、そのキーワードがどのように説明されているのかに目を向ける段階です。キーワードとキーワードの間をつなげば、その段落の要旨をつかめるようになります。要旨をつかむことは、本を読む上で一番大きな仕事なので、4回目と5回目の2回に分けて行います。

【6回目】 ここからはディテールにも目を向けます。私達、法律家の読む本で言えば、細かな事例の説明などがその典型です。ひとつの判例に対して、「この判例で論点になったポイントはここで、それについてこんな説がある」というのが要旨であり、「その説に基づいた事例として、この判例のほかにはこんなものがある」という説明がディテールにあたります。その部分に意識を向けながら読んでいきます。

なお6回目以降は、「答え合わせ」の感覚を持ちながら読むのがおすすめです。

これまでの5回で確認済みの要旨について、「そうそう、このキーワードの意味はこうなんだ」「このキーワードとこのキーワードの関係はこうなんだ」などと思いながら読み進めましょう。

すると、だんだん理解に近づいていることを実感できます。

【7回目】　6回目を終えたら、頭の中のノートにだいたい本が写し取れているはずです。しかし、まだ鮮明ではないので、7回目でしっかり定着させます。

「今ひとつ頭に入っていない」と思う箇所があれば、そこだけピックアップして読めば、さらに万全になります。

1回目から3回目までかけて行った全体像の把握は、言わば輪郭線を書くようなもの。4回目と5回目で行ったキーワードの把握によって、輪郭線の内側に大まかな絵を描きます。さらに、6回目と7回目の内容把握で、輪郭線の内側の絵を詳細にしていくのです。

ここまでを終えたら、「絵」ができあがっていると考えていいでしょう。

POINT

全体像↓内容↓細部の順番に意識を向け、それを徐々に鮮明にしていこう。

音読・手書きのメリット・デメリット

○理解しようとして音読すると、逆効果になる

ここまでの説明を見て、「本当に『読む』だけでいいのか」と思われる方もいらっしゃるかもしれません。勉強法といえば、読むことに加えて、書き取ったり、音読したりといった要素も付随する、というイメージがあるでしょう。

しかし私は、黙読に集中するのがベストだと思います。

「読むにしても音読したほうが頭に入るのでは」という意見もありそうですが、それは逆効果でしょう。声に出して読むと、必ず読む速度が落ちます。試しに、黙読と音読で読む速度を比べてみてください。

もし、黙読と音読で読む速度が同じならば、心の中で音読している可能性があります。

そしてこれも決しておすすめできない方法です。

心の中で音読するというのは、「頑張って読もう」とする場合の特徴です。文章が難しくて理解できない。集中力が削がれていて意味が頭に入ってこない。こういうときに、頑張って理解したいという気持ちに駆られ、なんとか頭に入れようと心の中で音読してしまう傾向にあるのです。

ですが、心の中であれ、音読の致命的な欠点は、読む速度を落としてしまうこと。繰り返しているように、ゆっくり一読するよりも、流し読みを2～3回するほうが、ずっと頭に定着しやすいのです。

頑張って読むよりは、理解できていないことを気にせずに、流し読みするほうが、最終的にはゴールへの近道といえます。

「7回読み」は、「理解しようとしない」ことがポイントだと言いました。ただ目に映していくだけでいいのですから、音読する必要もないのです。

その上で、目からの情報一本に絞る。それが、結局は集中力をアップさせることにつながり、頭に入りやすくなるのです。

○「7回読み」の終盤に入ったら、「書く」作業も役に立つ

「7回読み」の勉強法では、「書く」スキルは、どのように身につけるのでしょうか。第2章でお話ししたとおり、テストの場合には、たいがい「書く」というアウトプットが必要になるもの。「7回読み」ながら「書く」ことも組み合わせたトレーニングをしたいというのは、ごもっともなご意見だと思います。

実際、「7回読み」の終盤では、「書く」ことを組み合わせたトレーニングは、非常に有効です。

しかし、「7回読み」の序盤では、決して書こうとしないほうがよいでしょう。

その理由は、読むことの負荷が必要以上に大きくなってしまうからです。

「書く」というのはインプットではなく、アウトプットの作業。だからこそ、インプット情報がない段階で、いきなり「書く」というのは、なかなかうまくいかないものです。

まず、基本書一冊まるまる書き写すという「書写」は非常に負荷が大きいので、重要ポイントだけを書いていくのが基本です。ですが、基本書を読んだことがない段階では、どこがキーワードでどこが要点なのかわからないのです。1回目から3回目はまだ、アウト

ラインをおおまかにつかんでいる段階であり、理解にまでは至っていません。書いて頭に入れる作業をするには、時期尚早です。

さらに、書くというアウトプット作業は、読むというインプット作業よりも負荷がかかる作業です。手を使い、道具を使い、労力も使うでしょう。それを序盤から行うと、流し読みの速度が極端に落ちてしまうのです。

アウトプット的な要素が強い「書く」という作業だからこそ、「答え合わせ」をする段階の6回目以降からがおすすめです。つまり、「読む」というインプット作業に並行して、「ここの要旨はこういう内容のはず」「このキーワードの意味はこういう内容のはず」というアウトプット作業が加わる段階こそが、「書く」作業と親和的なのです。

ここまできたら、書くという動作は、頭にしっかり定着させるための「援護射撃」の役割を果たしてくれます。

特に試験前などにしっかり内容を覚えたいときは、書く作業を加えるとよいでしょう。それが、「読みながら書く」という方法です。

読むスピードをできるだけ落とさないよう、文字の乱れを気にせずにどんどん走り書きをします。キーワードや、目に付いた語句をランダムに書き出しましょう。

これは、あとで見直すための「ノート」ではありません。手を動かして、脳に情報をきちんと定着させるための「メモ」です。ですから、捨ててしまっても構いません。

たとえ捨てるものであっても、きちんと意味はあります。

会議や打ち合わせの席でメモを取る習慣を持つ人は多いでしょう。しかしそれをあとで見直すことは、意外と少ないのではないでしょうか。

メモを取ることの効果は、後々の確認のためというより、手を動かして脳に覚え込ませる、というところにあるのです。

手を動かすことは、脳を活性化させる効果が高いと言われています。八割がた理解できた段階でこの作業を行うと、内容把握がより強まり、記憶にしっかり刻むことができるのです。

POINT

序盤の作業量は軽く、「読む」だけに絞る。「書く」作業は、終盤で使うと効果的。

「こうかも？」「やっぱり！」が知識を作る

○受動的な読み方と能動的な読み方

基本書についていえば、「7回読み」のプロセスを経たあとも、さらに何度も読むということが、私にはよくあります。

まだ理解が十分ではないと思うときに読むこともありますが、主には、自分が把握したイメージで間違いないかを確かめるためです。

そのときも、これまでと同じく流し読みをします。しかし、読むときの姿勢は最初のころとは大きく変わっています。

1回目から3回目の読み方が完全に受動的だとしたら、7回目以降の読み方は能動的、とも言えるでしょうか。

ただ頭に情報を流し込んでいた最初のころと違って、こちらから「この理解でいいのか?」「そうだ、これでいいのだ」と自問自答しながら読むのです。

この受動から能動への変化は、読む回数が増えるにつれてグラデーションのように変わっていくものです。

『7回読み』はこうして進めよう」（152ページ）で、「6回目以降は、答え合わせの感覚を持ちながら読むべし」と言いました。6回目くらいから少しずつ確認作業をはじめて、だんだんとその感覚を強めていくイメージです。

「この用語のあとには、こういう例示で説明がされているはず」→「やっぱりそうだった！」

「この概念には三つの意義があるはず」→「やっぱりそうだった！」

というふうに、回を重ねるほど「やっぱり」が増えるのを実感できます。

それが、「認知」が「理解」に変わっていくということです。

「7回読み」は、機械的に文字を頭に移動させるだけの作業ではありません。

サラサラと読み流している間も、意識せずとも思考はきちんと働き、情報をまとめ続けています。それが、次のクールに入るときの「こうかも?」という仮説を生み出します。

そして読みながら「やっぱり」を得ると、次の「こうかも?」が生まれます。

こうして、薄紙を重ねるように少しずつ情報を取り入れながら、「こうかも?」「やっぱり！」を繰り返していきましょう。

それが、自分の頭で考えるということです。「７回読み」は、理解に至るまでのストレスを最小限に抑えながら、きちんと自分の脳を働かせる方法でもあるのです。

○反復の中で生まれる解釈力・応用力

「７回読んだら頭に入る」とは言いましたが、私だって、読んだ本を一言一句再現できるわけではもちろんありません。

「７回読み」は、「丸暗記」とは違うものです。

丸暗記というと、受験生が行う「詰め込み勉強」を連想される方もいるでしょう。

それはどこか、「わかっていないのに文字面だけ覚え込む」といった、マイナスなイメージも伴います。

私ももちろん、膨大な情報を「詰め込む」勉強はしょっちゅうやってきました。しかし、内容を把握しないまま記憶する、ということはしなかったように思います。

たとえば、歴史の年代の「語呂合わせ」を、私は、使ったことがありません。歴史という物語の流れから切り離して出来事と年号だけを覚えるのは、あまりに意味のない、そして退屈な作業です。

「いい国（1192）作ろう鎌倉幕府」など、うまく史実と絡めたよ、、、、うに見える語呂合わせもありました。しかし、最近は「いい箱（1185）作ろう」と習うそうです。

栄華を極めた平家を西へ西へと追い詰め、源頼朝が権力を確立していくという全体のアウトライン。その権力を確立していく過程で、1185年に壇ノ浦の戦いで平家を滅ぼし、守護・地頭職の任免権を手にしたこと、さらに1192年に征夷大将軍に任命されたことという、源頼朝に関わる各史実が位置づけられています。

「鎌倉幕府が成立した」なんて「史実」は実際にはないのです。1185年の出来事をもってして、源頼朝の覇権が確立したと解釈するか、それとも1192年の出来事まで待って、そう捉えるかという問題なのです。

そう考えると、「いい国（1192）作ろう鎌倉幕府」なんて丸暗記しても、あまり意味がないことがおわかりになると思います。歴史をひとつの流れとして文脈の中で捉えることにこそ、意義があるのです。「語呂合わせ」だけで対応できる試験問題なんて、ほとんどありません。

内容と直結する記述以外は目にしたくない、という思いが常にあります。

これは裏を返せば、中身を伴わない表面的な丸暗記をしない、という姿勢でもあります。「７回読み」は、内容を直接的に説明してくれる一種類の記述に何度も目を通し、確認を繰り返しながら自分の頭で理解する、という方法です。

最初はたしかに、表面的に文字を追い、そのまま写し取る作業ですから、「真似」でしかありません。

しかし「認知」が「理解」へと進んでいくにしたがって、「真似」をしていた考えを、自分なりに再構築できる力がついてきます。

基本書に書かれている理論から類推して、「この理論の要旨はこういうことではないか」「ということは、別のケースにこの理論を当てはめたときの帰結はこうなるのではないか」といった、自分なりの仮説を立てることもできるようになります。

繰り返し読むことによって、こうした解釈力・応用力も身につけられるという点も、「７回読み」の強みといえるでしょう。

POINT

読むという作業を反復すると、
深い内容把握ができて応用力も身につく。

第5章
努力とやる気を持続させる「メンタルコントロール術」

小さな工夫で、やる気にエンジンがかかる！

○ 朝起きたら、まず何をする？

試験が迫っていて、「今日一日、みっちり勉強しないと間に合わない！」と思っている日があるとします。

そんな日の朝、あなたは何からはじめますか？

「まずは眠気覚ましに、コーヒーか紅茶を飲もう」そう思ってお湯を沸かすとしたら……。

それは理想的なスタートとは言えません。

やる気にエンジンをかけたいなら、「まず机に向かう」のが正解。

時間を惜しんで勉強に集中しなくてはならない日、私は、ウォームアップなどは考えず、本を読むことからはじめます。

眠くてもまずは机に向かい、本を開くのです。

まだボンヤリしていて、本の内容がスムーズに入ってこないこともありますが、それでも「形だけ」勉強をはじめるのです。

５分ほど本を読んだら、その時点でお湯を沸かすために席を立ちます。沸くまでの間にまた読みます。沸いたらコーヒーを淹《い》れて、飲みながらまた読みます。

この方法なら、ウォームアップと勉強を同時にできます。

まず机に向かうことは、気持ちのコントロールの上でも有益です。

試しに、机に向かわずに「お湯を沸かす」ことからはじめた場合を想像してみてください。お湯が沸くまでの間、コーヒーを淹れている間、それを飲んでいる間、あなたはどう感じているでしょうか。

「早くはじめなきゃ」――そう思っているのではないでしょうか。

これは、心に余計な負担がかかった状態です。「はじめなきゃ」というプレッシャーは、思いのほか重くのしかかるものです。そのことがはじめるためのふんぎりを逆につきにくくしてしまうのです。皆さんも、ためてしまった仕事のほうが、むしろ、とりかかりにくくなってしまうことがないでしょうか。

半分寝ぼけていても、机に向かって形だけでもはじめてしまえば、プレッシャーに捕まえられしまうことはないでしょう。

○モチベーション維持のための「二つの方向性」

勉強をはじめず、コーヒーを飲んでいる間に感じている焦りは、「罪悪感」と言い換えることができます。この気持ちは、非常に厄介なものです。

「私は何をやってるんだろう」「こんなことをしている場合ではないのに」と思うと、「勉強をはじめること」が実際よりも大変に思えてしまい、ますますやりたくなくなります。

そこで後回しにすると、「罪悪感」はさらに増幅します。こうなると、完全に悪循環です。「勉強しなくては」という焦りが、さらに勉強に対する億劫さを呼び起こしてしまうのですから皮肉です。

「まず机に向かう」ことの意義は、勉強をすることそのものよりも、この悪循環を発生させないことにあります。こうしたメンタルコントロールが上手いか下手かによって、勉強の効果は大きく違ってきます。

この章では、勉強をするときに起こりがちな「メンタルの壁」への正しい対処と、モチベーション維持の方法についてお話しします。

モチベーションを保つ秘訣には、二つの方向性があります。

ひとつは、「罪悪感」などの心の負担を、できるだけ軽くすることです。うしろめたさ、自責、焦りといったマイナス感情は、勉強を実際よりもつらく困難な義務に見せてしまうものです。これらをリセットすることで勉強のつらさを最小限にとどめ、意気沮喪《いきそそう》を防ぐことができます。

もうひとつは、ほどよいプレッシャーを自分にかけることです。押しつぶされてしまいそうな重いプレッシャーではなく、あくまで「ほどよい」程度にするのがコツ。たとえば、頑張れば達成できる目標やデッドライン、守れる範囲のルール作りなど。こうした適度なプレッシャーが、推進力として役立ちます。

この二つを上手に組み合わせて、やる気を維持しましょう。これらは勉強をスムーズに進めるのに役立つ上、セルフマネジメント力もつく、一石二鳥のスキルです。

POINT

上手なメンタルコントロールで、勉強に向かうつらさを最小限に抑えよう。

細かな計画は立ててはいけない！

○厳格すぎるスケジューリングのデメリット

「何日までにここまで進もう」「今日はこれを済ませて、明日はこれを勉強しよう」と細かくスケジュールを組む人がいます。時間単位どころか、分単位のスケジュールまで手帳に書き込んでいる人もいます。

そうした作業が大好きな人なら、もちろん続けていいと思います。予定を立てているときの楽しさは、それをこなそうというモチベーションにもつながるでしょう。

しかし、もし「一応、計画くらいは立てないと」といった程度の理由で、あなたが仕方なく手帳とにらめっこしているとしたら……。そんなことはすぐにやめてしまうべきです。

私は勉強に際して、厳密な計画を立てたことはありません。計画を立てることに、あまり意味があるとは思えないのです。場合によっては、マイナスになるとさえ感じます。

その理由は二つあります。ひとつは、計画を立てる作業に時間がかかるということ。細かく予定を組めば組むほど、無駄な時間が増えてしまいます。

二つ目の理由は、立てた計画が守られることはまずない、ということです。

余裕をもって組んだつもりの計画でも、必ず遅れは出ます。思わぬところで手間取ったり、急用が入ったり、体調を崩したりといった不測の事態によって、ズルズルと後ろ倒しになるものなのです。

そうなったとき、例の魔物が牙《きば》を剝《む》きます。――そう、「罪悪感」です。

「どうして自分は決めたことを実行できないのだろう」とくよくよしてしまうのです。これではモチベーションアップの観点から見るとデメリットのほうが大きいといえます。

そうでなくとも、スケジュール管理は成功体験につながりにくい面を持っています。

「予定通りに行う」ことは意外と大変です。休憩時間を削ってなんとか帳尻を合わせなくてはいけないときもあるでしょう。それでもそれは結局「予定通りに行ったこと」に過ぎないのです。つまりやっと基準点。よくやったと自分を褒めてあげる要素がないのです。

逆に、少しでも遅れようものなら「減点」の要素となってしまいます。つまり、スケジュール管理は、ネガティブチェックだけを対象にした減点評価法に行きつきがち。

こうした減点評価法のシステムのもとでは、充実感を得にくい、そして、やる気を発揮しにくいのです。

○ 外圧＝「外との約束事」で行動管理ができる！

「そうは言っても、全くなんの予定も立てずに勉強を進めるのは無理なのでは？」

という疑問が湧いてくるでしょう。勉強の計画を立てない私が、どうやって勉強を進めているかというと、実は、簡単な解決策があるのです。

「外圧」を利用しているのです。

スケジュールを自分で立てて守ろうとすることは「内圧」、つまり自分の中だけで完結する約束事です。誰に監視されているわけでもない、自分一人でコントロールしなくてはならない類のものです。それに対し、「外圧」は自分以外の何かまたは誰かとの約束事です。

たとえば、資格試験を受ける場合で考えてみましょう。

試験が半年後にあるとします。そこで当日から現在までを逆算して、

「3か月後までにここまでできるようになっておく」

「1か月後までにここまで」

「ということは、今から1週間後までにテキストの何ページまでやらなくては」という形で予定を立てるのが内圧的な方法です。

対して私は、試験当日までの模試をチェックし、片っ端から申し込みます。この模試が「外圧」の役割を果たします。

申し込みが済んだあとは、いつもの「7回読み」や「7回解き」をしながら、模試までの日を過ごします。模試の日は、自分の準備状況にかかわらず、訪れてしまいます。そして準備不足ならば、否応なく、悲惨な結果を目《ま》の当たりにすることになります。だからこそ、この模試の日までに頑張ろう、次の模試の日までに頑張ろうという有効な「外圧」となるのです。

「内圧」的な方法でスケジュールを完遂しようと思ったら、強力な意志力が必要です。そういう意志力を持てずに挫折して落ち込むより、「外圧」を利用したほうが効果が得やすいのです。

POINT

自分だけで立てた計画は挫折を招きやすい。
自分の外側に約束事を作るのが得策。

自分の中の「決まりごと」とうまく付き合うには？

○ルールには抜け道を作っておこう

前項で述べたとおり、私は時間・期間ごとの達成度に関しては、厳密なスケジュールは立てないようにしています。一方で、毎日を過ごす上での「生活上のルール」は細かく作ります。

このルールを決めるときのコツは、具体性のあるものにすること。曖昧にしておくと、どこまでがセーフでどこからがアウトかがわからず、結局ズルズルとなし崩しになってしまうからです。

たとえば、「早起きする」ではなく、「朝は6時に起きる」。「テレビはなるべく見ない」ではなく、「歯磨きをしている時間だけ」とか「一日1時間以内」のように。このように、頑張りや我慢の基準をきちんと定性ではなく定量にしておけば、ルールはきちんと機能します。

もうひとつ大事なのが、ルールに「抜け道」を作っておくことです。

人間は、そうそう意志強固に生きられる生きものではありません。あまりに厳しいルールを課してしまうと、プレッシャーに押しつぶされてしまいます。

目標は到底達成できないような遠大なものではなく、「少し頑張ればできる」程度に設定すべし——と前に述べましたが、ルール作りも同じで、厳しすぎるものではなく、どこかに抜け道を設けるのがコツなのです。司法試験・国家公務員試験に向けて猛勉強していたころでも、私は「友人と遊ぶ」という息抜きを自分に許していました。このことに関するルールは、次のとおり。

「みずから遊びを提案してはいけない」

この文だけを見ると非常にストイックに見えますが、実は裏の意味があります。自分から遊びに誘ってはいけないが、友人から誘われたら応じてよい、ということです。

絶対に破ってはいけないルールは、実は、破ってしまった途端、どうでもよくなるもの。一度レールから逸れたにもかかわらず、また、もとの道に戻ろうとはなかなか思えないものです。そして、一度ルールを破ったら、どんどん歯止めが利かなくなってしまうものなのです。100％の硬直なものではなく、ある程度の余裕を残した柔軟なルールを作っておくのが、逆にルールを破らないコツだと思います。

○楽に流れるのは当たり前。自分を責めるのはNG

「水は低きに流れる」という言葉があるように、人の心も、楽なほうへ楽なほうへと流れるものです。必要なのは、その水がどこまでも流れ落ちていかないよう、適切なタイミング・適切な場所に「堰《せき》」＝ルールを設けることです。

明確な期限を定めるのもそのひとつ。「目標が達成できたら、ルールなんて一切取り除くから！　一日中寝てたっていいし、テレビを何時間見てもいいし、漫画を何時間読んでもいいから」と、何度も自分を励ますことも大切です。厳しいルールは、それが「いつか解除される」からこそ、そして、「不快」のあとに究極の「快」が待っているからこそ、守る気にもなれるのです。

ルールを破ってしまったときの対処も重要です。

たとえば「仮眠を取るときは30分以内」と決めて、アラームをかけてひと寝入りしたところ、アラームを無視して2時間熟睡してしまった——という場合。

ここでしばしば陥りがちな思考として挙げられるのが、「マイナス計算」です。「この教科書を読むはずだったのに！」「2時間マイナス30分で1時間半損してしまった！」「無駄にした時間をどこかで取り戻さなくては！」という考え方です。

これは、あまり健康的な思考とはいえません。無駄にした1時間半を取り戻すために、その夜、寝ないで勉強したとしても、翌日に疲れが残って集中力が落ち、結局は遅れを取り戻せないままになる可能性大。マイナスになった1時間半は、どうあがいても戻ってこないのです。さらにいえば、勉強というただでさえ苦しいことをしているのに、そんな自分を褒めるのではなく、逆に責めちゃうなんて、精神衛生上もとっても悪いことなのです。

ルールを破ってしまったときは、それを振り返ってくよくよしないこと。「マイナスからのスタート」はやめる。「少し長く寝たおかげでスッキリできた！」とポジティブに捉えましょう。これをできたはずなのにできなかったという過去思考よりも、これからできることは何かという未来志向が、モチベーション維持につながるのです。

POINT

「マイナス計算」をして失敗を悔やむより、これからできることを考えよう。

集中力が落ちてきたときの秘策とは？

○何時間も集中し続けるのは無理である

勉強をしながら、「集中力が落ちてきた」と感じることがありますよね。

しかしそのことを、必要以上に気にする必要はありません。

「集中できていない」ということに意識が向いてしまうと、さらに集中力が落ちる上、またしても「罪悪感」におそわれてしまうからです。

そもそも、人間の集中力はそうそう長く続くわけがありません。

何分続くのかについては諸説ありますが、「90分」「40分」など、いずれも短いものばかり。休憩を挟んだ上での一日トータルの集中時間を考えてみても、私の経験上は、8時間がマックス。どんなに切羽詰まっていても、それ以上の集中力の維持は、どだい無理な話。

私自身、大学受験のときは14時間、司法試験のときは19時間半と多くの時間を勉強に費やしました。その間ずっと集中していたと思われていたとしたら、それこそ大きな大きな誤解です。文章を目で追うだけで読んでいないな、全然頭に入ってきていないないな、と感じることなんてしょっちゅうでした。

そんなとき、私がどうしたか。答えは超シンプルです。

「とにかく続ける」

集中力を取り戻そうと頑張るわけではありません。

「机の前に座り、本を開いてページをめくる、という行為をただ続ける」

「勉強は止めて、休憩しちゃえば？」というのはごもっともな意見。

試験の前の1週間のように、ものすごく切羽詰まった状態でなければ、そのアドバイスに私も従うでしょう。しかし、「止めて休む」というのもひとつの勇気。特に切羽詰まっているときには、休憩していても、勉強のことが気になって気が休まらなかったり、「マイナス計算」的な思考に走ったりしてしまいがちです。

さらに言えば、「止めて休む」というのは意外と人を選ぶ方法です。リフレッシュのためにテレビやネットを見たり、音楽を聞いたり、散歩をしたり、ただボンヤリしたり――

というとき、その時間を満喫できる人ならなんの問題もありません。それに対し、その休憩時間の間中ずっと「こんなことをしている場合ではないのに」と思ってしまうタイプの人だっているのです。そして、私はどちらかといえば後者の人間。

こういうときには、開き直って「とにかく続ける」のも一案。ただし、集中していなくても全く気にしないこと。だって、本来ならば休憩するはずだったのだから、頭に入っていなくても文字情報を視覚で捉えているだけ、休憩よりもまだまし。そして、休憩もせずに頑張っている私は、とっても偉い。

できるだけ、自分をポジティブに評価してあげながら、集中できなくても続けちゃうという荒業。意外なようですが、このようにメンタル面をケアする意味でも使える方法です。

○ 疲れてきたら、目先を変えよう

「とにかく続ける」にしても、一定の工夫はできます。

集中できない場合には、たいていはもう長時間やって飽きてしまっているのです。そうした人の場合は、「目先を変える」という方法が有効。

「目先を変える」のひとつ目は、「酷使する器官を変えること」。長時間にわたって何かに集中したとき、疲労が溜まるのは基本的に「ひとつの器官」に集中するものです。

本を読んだり、パソコン画面を見続けたりしていたら目が疲れますし、何かを書き続けたとしたら手が疲れます。でもこのとき、ほかの器官はそれほど疲れていないはず。

そこで、目が疲れたら次は耳を使う、耳が疲れたら手を使う、というふうに、器官のシフトをしてみましょう。

私の場合で言うと、本を読むのに疲れたときは語学練習用のオーディオブックを聞いたり、英文を声に出して読んだりしています。この方法なら、疲れを溜めすぎずに済みます。また、勉強しながら気分転換もできます。

二つ目は「場所を変える」という方法。

図書館で勉強していて疲れても、家に帰ってみたら勉強を続けられたりします。逆に、家で勉強をしていて行き詰まったら、図書館に行ってみたりするのもいいでしょう。

三つ目は「教科を変える」という方法。

大学受験の場合には、国語もあれば、数学もあり、英語も社会も理科もある。そして社会の中にも、世界史あり、日本史あり、地理あり……。だからこそ、飽きてしまったら、いくらでも他の教科に移れるのです。

これは、「器官を変える」ことにもリンクします。数学の問題を解いていて疲れたら、英語のリスニングをはじめればいいのです。そうすれば、酷使した器官も変えられて、一石二鳥です。

最後の気分転換は、「どうせやろうと思っていたことをやる」。どんなに忙しくたって、どうせごはんは食べるのです。どんなに忙しくたって、どうせお風呂には入るのです。そして、私の場合には、どんなに忙しくたって、どうせ母には電話するのです。さらにいえば、一人暮らしだから、勉強期間中であっても、掃除や洗濯は、自分でしなければなりません。

だから、気分が乗らないこの瞬間に、どうせやらなければならない日常のイベントを終わらせてしまえというのも、これはこれでとっても有効な気分転換の方法なのです。

POINT
「目先を変えて」気分転換。

「後回し」「先送り」グセをリセットするには

○「不安」は大きくならないうちに退治せよ！

私は学生時代、試験勉強をするときはいつも、もっとも不安要素の多い科目や苦手な科目からはじめていました。

もしそのほかの科目からはじめてしまったら、その不安な科目や苦手な科目のことが心に引っかかって、いつまでも落ち着けないからです。

不安というものは解消しないまま放置すると、時間経過にしたがって増大する性《さが》があります。ほかの科目から手をつけて、最後に不安な科目や苦手な科目に取りかかったとしたら、嫌な科目にたどり着く前に憂鬱《ゆううつ》度はマックス。不安な科目や苦手な科目に対する心理的ハードルは、刻々と高まっていくばかり。

そう、不安な科目や苦手な科目を放置しておくことは、一日を「だんだん増大していく不安」「だんだん増大していく憂鬱感」とともに過ごすということです。そして、場合によっては、一日が時間切れになって、不安が解消されないまま寝て、爽やかでない朝を迎えるということです。

そんな憂鬱感を味わうくらいなら、嫌なことからはじめてしまったほうが、むしろ気持ちの負担が少ないのです。そう、不安なものや苦手なものから手をつけるのは、実は一番負荷の少ない方法なのです。

苦手意識があるからこそ、まずは着手して、敵を知るべし。「攻撃は最大の防御」という言葉は、ここにも当てはまるものなのです。

POINT

はじめるなら、不安な科目から。

目標を持つためにすべきこと

○目標が具体的であるほど、モチベーションは高くなる

メンタルコントロールを語る章の最後に、「目標」についてお話ししましょう。

目標は、モチベーションを保つための、もっとも重要な原動力です。目標がなければ、そもそも勉強する必要も発生しないからです。

人が刻苦勉励《こっくべんれい》するときには、必ず「何かに向かって」いるものです。

そうした努力や頑張りを強固なものにするには、目標をできるだけ具体的にしておく必要があります。

いつまでに何をしたいのか、なぜ目指すのか、といったことを自分の中でしっかり言語化しましょう。その内容が明確であればあるほど、モチベーションも上がります。

資格試験や昇級試験などを目指している人の場合、目標設定は簡単です。

問題は、「このままではいけない、なんとかしたい」といった、曖昧な焦燥感の中にとどまっている人のケースです。成績の振るわない学生の方や、仕事で今ひとつ飛躍できないでいるビジネスマンの方の中には、こうした思いにとらわれつつも、「頑張る」ことをはじめられない方もいらっしゃるのかもしれません。

「何をどう進歩させていくのか」が決まらないと、勉強のしようがないからです。

このタイプの人に必要なのは、向上心に方向性をつけることです。そこでおすすめなのが、「評価」を意識することです。自分がどの程度の評価を受けているのかを洗い出せば、何を強化すればよいかが見極められます。

この場合、学生ならばテストというわかりやすい指標があります。現状が60点なら、「次は70点以上取る」などの目標設定ができるでしょう。

社会人の場合は学生と違い、テストのように評価が数値化されるわけではありません。その中で、漫然と日々を過ごしてしまう人もいるでしょう。

しかし実際のところ、社会人は学生以上に頻繁に評価の機会にさらされているもの。まずはその意識を持つことが大切です。

○目標は周囲に公開しよう

社会人の評価を左右する瞬間の大半は、「アウトプット」にあります。どんな発言をするか、どんな資料を作るか、どんな企画を立てるか。自分の能力を外に出し、周囲に役立てることが高評価につながるのです。それは、自分の作った成果物を他者と接触させる瞬間、とも言い換えられます。

そう考えると、アウトプットの機会はどこにあるかが見えてきて、その結果として、「頑張りどころ」も見えてきます。

たとえば会議のときには、発展性のあるいい発言ができるようにすること。無知を露呈しないよう、きちんと準備をしていくこと。そう考えると「ここ数年の消費者の動向についての資料を、明日までに見直しておこう」というふうに具体的な目標が定まり、何を勉強すべきかが見えてくるでしょう。このようにして小さな目標を繰り返し達成するうちに、次第に大きな目標を設定するモチベーションが湧いてきます。

少し大掛かりな目標ができたときは、それを周囲に公言するのが効果的。そうすることによって、「達成できなかったら恥ずかしい」という気持ちが起こり、頑張るしかなくなるからです。

「失敗したら恥ずかしい」は、裏を返すと「成功したら賞賛される」ということです。「TOEIC®で800点取ったら、みんなびっくりするだろうな」などのプラスイメージを喚起してモチベーションにつなげるのもよい方法です。

実際、達成時に周囲が寄せてくれる祝福や賞賛はとても大きなパワーを持つものです。その成功体験は、次なるチャレンジを企図する原動力にもなるでしょう。

モチベーションを上げていくには、周囲の人々を意識し、ときにその力を借りることがとても重要なのです。

POINT

周囲の評価を意識することが、
向上心やモチベーションの発火点になる。

第6章

なぜ学ぶ？ 何を目指す？
自分と向き合うと見えるもの

自分の活動の場を広げること

○ きっかけは大学新聞の取材から

子供のころに目指していたのは「官僚」。そして今の職業は「弁護士」。メディアの世界とは全く無縁なはずの私が、テレビに出たり本を書いたり、という仕事をさせていただくことになるとは、正直、思ってもいませんでした。

なぜこんなことになったのか、というと……。

それはまるで「わらしべ長者」のような展開でした。

一本の藁《わら》を持った男が、それとみかんを交換し、反物《たんもの》と交換し……と少しずつ財産を大きくしていくあの昔話のように、小さな出来事が次の出来事を呼んで、だんだんとメディアの世界とのご縁が深くなっていったのです。

最初のきっかけは、東大を卒業してから1年後に「東京大学新聞」の取材を受けたことでした。記事のテーマは「資格」。在学中に二つの国家試験に挑戦して資格を取得した私は、ちょうどよい取材対象だったのでしょう。

その5年後、「東大新聞を見た」ということで、ある週刊誌から連絡が入りました。聞けば、「天才」の特集を組むので登場してもらえないかというお話。「私は天才ではない」ことは説明しましたが、「それはまあいいです」とのこと。ということで、ここでも、私の中の好奇心が勝って、雑誌に出ることになりました。

すると今度は、テレビのクイズ番組から「週刊誌を見た」ということでの出演依頼。クイズは苦手だったので、やや躊躇《ちゅうちょ》しました。それでも、私は、テレビに出ることを、ここでも選択しました。

「登場してください」と頼まれるたびに戸惑いはありましたが、それでも私は、出ることを選択してきました。

「出たがり」という要素も多分にあるのでしょう。

ただし、弁護士の場合には、メディアに出ることがよく思われない向きも多分にあり、「出たがり」だけで続けることは難しいのです。

躊躇しながらも結局メディアに出る道を選択しているのはなぜか。はじめはよくわからなかったその理由が、私の中で少しずつ明確になっていきました。

○知識の「参入障壁」を取り除きたい

それは、昔抱いたちょっとした違和感でした。

霞が関の官僚達は「国民」という言い方をします。

私はこの言い方が嫌いでした。この言葉そのものよりも、「国民」というときに、まるで自分が「国民」の中に入っていないかのような他人目線に、違和感を覚えていたといったほうがいいでしょう。

「国民に理解される政策」「国民への説明義務」

この言葉を聞くときに、理解されたいと思っている人が、説明しようとしている人が、自分自身は「国民」に含まれていないと思っている、そんなニュアンスを感じるのは、私だけでしょうか。

「あなたは国民じゃないわけ?」そういう反発を感じていました。

私自身の経験から言うと、(世間の想定に反して)官僚の方々は決して悪い人達ではありません。むしろ、多くの場合には、尊敬できる方々でした。財務省で2年間働いたときは、私達が、説明しても理解されないような難しいことをしていると思ったことはないし、ましてや、説明できないような恥ずべきことをしていると思ったことなんて、一度もない。誤解を懼れずに、私個人の意見を言うなら、「極めてまっとうに仕事をしている」と思っていました。

霞が関の官僚に足りないのは、仕事への情熱でも、責任感でもなく、本当に理解を求めたい、本当に説明したいという気持ちなのではないか、と思うようになりました。そして、理解されやすいように、わかりやすい説明をするノウハウも、霞が関において、育てられてはこなかったと思いました。

「弁護士」になった今も、大なり小なり、同じようなことを感じています。

「参入障壁」という専門用語があります。

ひとつの企業がある業界に新規参入しようとするとき、突き当たる壁のことです。既存の企業に絶対的な優位性があるため、顧客を獲得したり、資金を投入したりする際に労力がかかってしまうことを意味します。

これはビジネスに限らず、「専門家」の世界においても起こることです。

「企業法務に携わる弁護士」という集団に属していると、その内部の人々は閉じたサークルの中にいると感じます。専門性の高い人々が集まって仕事を続けていくと、専門的な経験と知識が積み重なっていく一方で、外部の人との間に乖離《かいり》が起こります。外部の人に対して、悪気はないにせよ、「あの人は素人だから……」といった雰囲気をしばしば醸《かも》し出してしまいます。

そういうあり方にも、私はいつも一抹の違和感を覚えていました。

「官僚」、そして「弁護士」として感じてきた「専門家」サークルの閉鎖性。「専門家」の側がサークルの中から外に対して、自分たちが今していることを、理解されるように説明していない、説明しようとすらしていない現実。

私は自分がはじめに抱いた違和感を忘れたくないと思いました。どんなに微力であっても、そういう説明をする、そして理解を求める、そういう媒体に私自身がなりたいと思いました。

メディアに出れば出るほど、自分の発信力が高まり、自分の中のメッセージを伝えられる機会も増えるはずだと思ったのです。もちろん、「専門家」サークルのノウハウのすべてをお伝えするというのとは違います。職人の世界と同じで、「専門家」の世界でも、徒弟制のようなもの。「奉公」をしながら、見よう見まねで覚えていくべきことも多いのです。

しかし、誰かが興味を持ってくれるきっかけ、何か「入口」のようなものを提示する一助になれば、これほど嬉しいことはありません。

興味を持たれた方は、さらに深い探求をはじめてくださるでしょうし、そしてそれこそが、真の「勉強」。この本は、まさにそういう勉強に役立てていただきたいと思って、書いているものです。

POINT

「知っている」と「知らない」の間の壁を低くする働きかけが、世の中には必要であると意識する。

生活には、「小さな目標」が溢れている

○フェイスブックにも数値化した目標を設定

勉強に関して常に目標を設定してきた私は、生活すべてにおいて、数値化された「目標」の達成を目指すところがあるようです。

はじめたばかりのフェイスブック。フェイスブックを見ているとおおまかに二通りの使い方があるなと感じます。

まずは自分個人の記録用。今日は、ここでごはんを食べました。子供がいくつになりました。その人の「今」がわかるフェイスブックの記録は、微笑ましい思いで、私も拝読しています。

一方、フェイスブックを見ていて、これをひとつの発信の手段と捉えている方もいらっしゃることに気づきました。たとえば、風景ひとつを切り取るにしても、何かを伝えたい

という淡いメッセージ性のあるフェイスブックは、タイムラインの中でも際だって見えるように思います。

自分自身のオピニオンを熱く語るような場面には、フェイスブックは必ずしも適していないようです。だからこそ、軽妙な文章の裏にその人自身の重厚な哲学が垣間見えるような気がするときに、私ははっとするのです。

そういう人のフェイスブックに触発された私は、自分のページもできればただの感想文ではなく、淡いメッセージ性のようなものが出せないかと思って、「勉強」しています。

フェイスブックのいいところは、目標を数値化しておけるところ。たとえば、「いいね！」が、いくつ押されるか、といった「目標」です。

こういう目標を数値化することが、私自身は、かつて、あまり好きではありませんでした。そういう数値化それ自体を、ややもすれば「下品なこと」と感じていたのです。

しかし、今の私は違います。

自分自身に何らかの伝えたい事柄があれば、それを多くの人に伝えたいと思うのは当然。「いいね！」の数をひとつの目標にすることは、なんら品のないことではありません。

おそらく、かつては、自分自身の何かを伝えたいという思いが、あまりはっきりしていなかったのでしょう。明確なメッセージがないのに、「いいね！」の数を多くしたいと発想すれば、偏向な意見や扇情的な投稿に走ってしまう気がします。そこから、こういった目標の数値化について、なんとなく「下品なこと」と発想していたのでしょう。

思えば、勉強もそうでした。この本ではテストの点数の話も、多くしました。私自身は、「勉強」を、自分のできることをアピールするためのひとつの「手段」と明確に位置づけてきました。逆に言えば、「勉強」は手段であって、目的ではない。自分自身の本来的な価値の問題とはなんら関わりはないと思っています。

だからこそ、目標を数値化することに全く抵抗を感じなかったのでしょう。

○ 目標設定は、越えられるハードルから

目標をこのように数値化するときには、コツがあります。

自分の過去の最高値よりちょっとだけ上に設定するのです。

フェイスブックの「いいね！」が最高で１００という段階で、「『いいね！』１０００個を目指す」なんて公言するのは大言壮語《たいげんそうご》。それならば、「『いいね！』１０５個を目指す」ほうがよっぽどいいと思います。

頑張れば手の届きそうな数に設定するのがコツなのです。

昔はこのコツがつかめず、失敗したこともありました。

ダイエットしよう、と決心した際、「1週間で5キロ痩せる」という無謀な目標を立てました。そのときは、1年間で8キロ太って、全身がぱんぱんだったときです。あのころのクラスアルバムを見ても、今の私の友人は、私を見つけられませんでした。

過去最高体重を更新し続けた私は、焦りのあまり、ついに「1週間で5キロ痩せるわ」と家族に公言。その無謀な目標設定に、家族は私を止めることすらせずに、失笑していました。

当然のことですが、結果はあえなく惨敗。

このとき私は、悔しいともなんとも思いませんでした。目標を立てた瞬間から、「この目標は無理だ」と感じる、もう一人の自分がいたのです。

そういう目標を立てるということは、すなわち、「破るための目標」を立てることです。現実感のない目標に対して、モチベーションは発動しないのだということがわかった経験でした。

ちなみに、現在は、「原則として、毎日体重計に乗る」ことを習慣にしています。「原則として」と書いたのは、外食した日の次の日は体重計に乗らなくていいというルールがあるから。中華料理なんかを食べた次の日には、昨日の重い食事が体重に反映されて落ち込むのは必至。「ルールには抜け道を作っておこう」（176ページ）の例です。

こんな緩い方法ですら、1週間で5キロ痩せるという目標よりもずっと有効、というのが、私が経験上得た結論です。

「破るための目標」を立てるよりも、「頑張れば達成できる目標」を立てることのほうが、有益なのです。

POINT

勉強だけでなく、生活すべての中に「向上の種」がある。

「知らない」「わからない」の世界から、一歩を踏み出そう

○かつて覚えた知識が抜け落ちていっても……

クイズ番組に出演してわかったのは、自分は決して優秀な解答者とはいえない、ということです。

最初はそれが気になって、収録前に予習を試みたこともあるのですが、学生時代と違って十分に時間がとれないのが難点。しかも、自分の「伝えたいこと」との関係からいえば、なんとなくここは自分の本分ではない気がする。やる気もあまり出ずに、結局、みっちり勉強するのは諦めました。

そうこうしているうちに、気持ちにも変化が訪れました。「こんなこと全く気にする必要はない」とわかってきたのです。

自分自身の「伝えたいこと」が少しずつ明確になるにつれ、それとは関係のない価値を

必死に追い求める必要はないと思えるようになりました。

会議で有意義な発言をしたいと求め、友人の人生相談に対して価値あるアドバイスをしたいと考え、恋人を前にしてセンスある会話をしたいと願う、そんなの全部を求める必要なんてないし、かなえるなんて絶対に無理。ひとつひとつを希薄化してしまうより、ターゲットを明確に定めて、それに絞って勉強したほうがいいのです。

そういうわけで、基本的にはクイズの正答率も気にせず、その分野で意義のある正答をしたいなんて思わなくなった私ですが、それでも、学生時代に習ったはずの知識が意外なほど抜け落ちていることには、やや寂しさを感じました。

せっかく勉強したのに、それが曖昧な記憶としてしか残っていないのは、やはり残念な気持ちがするものです。

現在、仕事をしている法律の分野でさえ、知識が曖昧になっている部分はあります。たとえば、司法試験のときにあんなに勉強した「憲法」。

企業法務専門の弁護士をしていると、実は、憲法訴訟と関わる機会はめったにありません。そういう環境の中で、鮮明だった憲法についての記憶はどんどん色あせていくのです。

しかしこれもまた、そう残念がる必要はない、と考えるようになりました。

忘れているということは、現在、自分が注力している分野とは関係がないということ。

自分が注力している分野の知識が増えていけば、そうでない分野が抜けていくのはむしろ自然なことなのです。

必要な知識は、勉強して頭に入れる。必要なくなれば抜けていくに任せる。

過去の知識を維持することにそれほど拘《こだわ》る必要はなく、それよりも、自分の注力する分野でどんどん新しい知識を勉強していく、それこそが、脳を一番効率的に使うことにつながるのではないでしょうか。

○「知らないこと」なんて怖くない！

「必要な知識は勉強して頭に入れる」と言いましたが、日ごろの生活の中で「必要」をどれだけ意識するかも重要なポイントです。

言い換えると、「知的好奇心をどれだけ持てるか」ということです。

これは決して、大変なことではありません。

たとえば新聞を読んでいて、「最近話題の『ＮＩＳＡ《ニーサ》』って何だろう？」と思ったとします。

ここで、「難しそう」で終わらせるのはあまりに残念です。せっかく疑問を抱いたのなら、何らかの知識を得たいところ。

そんなときは、ネットなどをチラリと覗いて、簡単な意味を調べてみましょう。

「株や投資信託などの100万円以下の少額投資で得られたお金には税がかかりません、という制度」――ということがわかれば、こう思うはず。

「なんだ！　そんなに難しいことじゃないじゃない」

こうした小さな作業を通して、「知る」ことに体を慣らすと、大きな効果が得られます。

それは、不安がなくなるということです。「未知」は怖い、それに対して、知ってみると「なんだ」そんなに難しくないと思うことのほうが多いのです。

そうすると、その他の未知に対する気後れもなくなっていくものです。

「知らないこと」は全然怖くない。

なぜなら、私達は、未知と既知との間の壁を越える術《すべ》――「学ぶ方法」を知っているからです。

勉強は、大きなものであれ、小さなものであれ、「前を向く力」を私達に与えてくれます。

「今の自分」を認識して、そして、新しい知識を獲得した「明日の自分」を思い定めて、「今の自分」を「明日の自分」へと前へ進めてくれる力、それこそが「勉強」が本来持っている力だと思うのです。

POINT

勉強する方法がわかってさえいれば、「知らないこと」なんて全然怖くない！

〈著者略歴〉
山口真由（やまぐち　まゆ）
1983年生まれ。札幌市出身。筑波大学附属高等学校進学を機に単身上京。2002年に東京大学に入学し、法学部に進み、3年次に司法試験、翌年には国家公務員Ⅰ種に合格。また、学業と並行して、東京大学運動会男子ラクロス部のマネージャーも務める。学業成績は在学中4年間を通じて“オール優”で、4年次には「法学部における成績優秀者」として総長賞を受け、2006年3月に首席で卒業。同年4月に財務省に入省し、主税局に配属。主に国際課税を含む租税政策に従事。2008年に財務省を退官し、2009年に弁護士登録。現在は主に、企業法務を担当する弁護士として活動するかたわら、テレビ番組や執筆等でも活躍中。
著書に『天才とは努力を続けられる人のことであり、それには方法論がある。』（扶桑社）がある。

編集協力：林　加愛
装幀：小口翔平＋西垂水敦（tobufune）
装幀写真：片桐　圭

東大首席弁護士が教える 超速「7回読み」勉強法

2014年7月17日　第1版第1刷発行
2014年8月12日　第1版第3刷発行

著　者　山口真由
発行者　小林成彦
発行所　株式会社ＰＨＰ研究所
東京本部　〒102-8331　千代田区一番町21
生活教養出版部　☎03-3239-6227（編集）
普及一部　☎03-3239-6233（販売）
京都本部　〒601-8411　京都市南区西九条北ノ内町11
PHP INTERFACE　http://www.php.co.jp/

制作協力
組　版　株式会社PHPエディターズ・グループ
印刷所　大日本印刷株式会社
製本所　東京美術紙工協業組合

ISBN978-4-569-81930-3